BRINCAR, CONHECER, ENSINAR

Obra em conformidade ao NOVO ACORDO da Língua Portuguesa

Questões da Nossa Época

Volume 19

Dados Internacionais de Catalogação na Publicação (CIP)
(Câmara Brasileira do Livro, SP, Brasil)

Rosa, Sanny S. da
Brincar, conhecer, ensinar / Sanny S. da Rosa. — 5. ed. — São Paulo : Cortez, 2010. — (Coleção questões da nossa época ; v. 19)

Bibliografia.
ISBN 978-85-249-1642-7

1. Interação professor-alunos 2. Pedagogia 3. Prática de ensino I. Título. II. Série.

10-08792 CDD-371.3

Índices para catálogo sistemático:

1. Prática pedagógica : Educação 371.3
2. Sala de aulas : Técnicas : Educação 371.3
3. Transicionalidade : Prática pedagógica : Educação 371.3

Sanny S. da Rosa

BRINCAR, CONHECER, ENSINAR

5ª edição

CORTEZ EDITORA

BRINCAR, CONHECER, ENSINAR
Sanny S. da Rosa

Capa: aeroestúdio
Preparação dos originais: Solange Martins
Revisão: Eloisa Moura
Composição: Linea Editora Ltda.
Coordenação editorial: Danilo A. Q. Morales

Direitos para esta edição
CORTEZ EDITORA
Rua Monte Alegre, 1074 - Perdizes
05014-001 - São Paulo - SP
Tel.: (11) 3864-0111 Fax: (11) 3864-4290
e-mail: cortez@cortezeditora.com.br
www.cortezeditora.com.br

Impresso no Brasil — outubro de 2010

Ao Enrico,

que cotidianamente me ensina o valor do sorriso e da fantasia.

Sumário

Prefácio

Brincar, conhecer, ensinar com Sanny

Deste livro, pode-se dizer que é *literatura pedagógica*, no sentido mais específico dos dois termos. Muitas vezes esse sentido é perdido quando se usa a expressão para indicar trabalhos que não guardam proximidade com a literatura, essa arte de lidar com a palavra e criar mundos por intermédio dela, nem com a pedagogia, esse gesto de tomar a educação pela mão e procurar conduzi-la na direção da construção da humanidade, por múltiplos — tanto gratificantes quanto tortuosos — caminhos.

No trabalho de Sanny, está presente a *leveza*, própria da beleza, como nos lembra Ferreira Gullar, quando fala de Oscar Niemeyer: "Oscar nos ensina que a beleza é leve", diz ele no poema Lição de Arquitetura. E aqui se encontra também a *seriedade*, que não se confunde com o ar sisudo, e sim é parente da alegria que se descobre no brincar.

Num estilo leve, que provoca e envolve o leitor, Sanny nos convoca a transitar pelo território da relação pedagógica, ao realizar com habilidade uma interlocução entre a filosofia da educação e a psicanálise, proporcionando uma oportunidade de ampliarmos o olhar sobre o fenômeno complexo que é o encontro entre sujeitos que ensinam–aprendem num espaço institucional chamado escola.

"A beleza do que se passa na escola — daí sua afinidade com a arte — vem do fato de que não é um 'registro de realidade', mas lugar privilegiado de *trânsito* entre o real e seus múltiplos sentidos, entre a *tradição* e a *criação*", afirma Sanny. Destaco especialmente esse trecho, que tenho mencionado frequentemente em meu trabalho, para chamar atenção para o caráter contraditório da escola — sua tarefa de, ao mesmo tempo, manter o patrimônio cultural e procurar transformá-lo, num movimento histórico. Tal constatação é óbvia, dirão alguns. Mas haverá mesmo consciência clara da tradição como elemento constitutivo da história e não como passado cristalizado? Ou da presença — e da necessidade — da criação, que, articulada à tradição, faz da vida escolar um *acontecimento*?

Também contraditória é a relação professor-aluno, mestre-discípulo. Relação de aproximação e de distanciamento, de afirmação de subjetividades diversas, no corpo a corpo estimulante que se estabelece entre corpo docente e corpo discente. Encontrar aí um espaço para a criação é desafiador, uma vez que na escola se convive com o peso de um sem-número de prescrições que, frequentemente, ao invés de auxiliar na consecução dos objetivos, fazem com que a ação se afaste deles. Sanny nos convida a olhar com cuidado uma perspectiva que pode abrir caminho: o brincar. E vai logo lembrando que brincar é coisa séria! Recorrendo a Winnicott, ela afirma que o brincar é uma qualidade da experiência, que não se opõe à ordem e à disciplina necessárias na escola para o desenvolvimento do processo ensino-aprendizagem. A ideia de inventar, ligada ao brincar, remete à criação de espaço para perguntas sobre o óbvio ou sobre o absurdo e o não familiar, que ajudam a romper com a adesão a uma única lógica e estimulam a curiosidade e o prazer.

Pois é disso que trata, em última instância, o trabalho de Sanny: jogar luz sobre a dimensão estética do trabalho pedagógico. Essa dimensão diz respeito à presença da sensibilidade nesse trabalho, à consideração da subjetividade. E está estreitamente ligada à dimensão ética, em que se consideram a alteridade e a autonomia. E o prazer, como componente da seriíssima brincadeira de buscar ampliar, aprofundar, transformar a realidade e o conhecimento.

Como o livro agora chega à sua 5ª edição, foram muitos, na certa, os que já tiveram contato com as ricas ideias aqui guardadas. Que muitos outros tenham o privilégio de juntar-se a eles, beneficiando-se com o convite de Sanny para participar da aventura arriscada e prazerosa que é pensar — e viver — crítica e criativamente o gesto de ensinar.

Terezinha Azerêdo Rios

São Paulo, maio de 2010.

Apresentação à 5ª edição

Passada pouco mais de uma década da primeira edição deste trabalho, vejo-me diante do desafio de *re*-apresentá-lo. Confesso que o contentamento de saber que o tema do "brincar" permanece no universo de interesse do público leitor — constituído principalmente por profissionais e pesquisadores da educação — foi, rapidamente, seguido do sentimento de hesitação. Indagava-me sobre as possíveis contribuições deste livro no cenário do século XXI, em que o fazer pedagógico "artesanal" aqui proposto tem sido velozmente substituído pela performatividade homogeinizante - de alunos e professores — incentivada por políticas "de resultado" que passaram a dominar o campo da educação. Por isso, a tela do computador permaneceu vazia por algum tempo, enquanto me ocupava em refletir sobre o possível lugar da "experiência lúdica" — inerente à atividade de "conhecer" e relacionar-se com o mundo da cultura - em uma era fortemente marcada pela superficialidade, pelo espírito pragmático e pela cultura *readymade* que assistimos ser instalada também dentro das escolas.

Mesmo considerando que tais constatações favoreçam a emergência de certo clima nostálgico, penso que antes de tudo é nosso dever - como educadores e pesquisadores da educação — tentar compreender a lógica que move e organiza estes novos tempos, chamados de "hipermodernos" pelo filósofo francês Gilles Lipovetsky e de "modernidade líquida" por Zygmunt Bauman. Guardadas as particularidades dos pontos de vista destes dois pensadores, eles nos ajudam a identificar e compreender alguns traços da sociedade contemporânea que têm orientado e redefinido as relações humanas e sociais no mundo globalizado: o individualismo exacerbado — do qual decorre a cultura do hedonismo, da evitação da dor e da frustração; e a extrema fluidez e desregulamentação das instituições. Estes dois sintomas sociais fragilizam a esfera da vida política — entendida como campo do "bem comum" — e, por consequência, colocam em xeque o próprio sentido de educar.

No contexto escolar, esses sintomas parecem roubar a cena e tirar o sono daqueles que têm como dever profissional a tarefa de educar. Como diz Bauman, "nossas instituições, quadros de referência, estilos de vida, crenças e convicções mudam antes que tenham tempo de se solidificar em costumes, hábitos e verdades 'autoevidentes'". Ora, como prática humana e social, a educação só se realiza com base na tradição, como diria Winnicott. Queiramos ou não, educar é atualizar, no outro, a memória do patrimônio cultural da humanidade no qual, em suas diferentes expressões, nos "re-conhecemos". Por meio da educação, reconstruímos, no outro e *com* ele, uma identidade humana que vai além do registro "individual". Por isso, educar é transcender. Por isso também, educar pressupõe respeito à memória, à permanência, à duração, ingredientes sem os quais não há onde ancorar a "criação".

Ao chamar a atenção do leitor para esses "novos" problemas e sintomas sociais tenho em mente a preocupação de ampliar e atualizar o debate das questões tratadas neste livro: a importância das experiências subjetivas e estéticas vividas na relação pedagógica, isto é, *entre* a pessoa do professor e a pessoa do aluno. O grande dano das políticas educativas performáticas, obsessivamente preocupadas com a "produtividade" - traduzida, hoje, em "competências e habilidades" — é fragilizar e até mesmo obstruir os tempos e espaços para a experiência de apropriação criativa dos conhecimentos, cuja qualidade - como nos ensina Winnicott — é análoga à experiência do brincar.

Embora o tema do "brincar" se associe fortemente, no imaginário social, ao período da infância, este não é um livro que trata da educação de crianças, mas de pessoas de qualquer idade. Também não tem a intenção de ensinar o professor a trabalhar ludicamente em sala de aula, como já assinalei anteriormente. Com a ajuda dos conceitos desenvolvidos pelo psicanalista inglês Donald Winnicott, o objetivo principal deste trabalho é apresentar o "brincar" como uma qualidade da experiência do sujeito ao participar da história e do projeto da humanidade por meio da cultura. Por fim, vale o registro de que a defesa da experiência lúdica, no âmbito da escola, não se confunde nem tem a intenção de reforçar uma concepção hedonista da educação. Ao contrário, a noção winnicottiana do "brincar" inclui a vivência da frustração. O prazer proporcionado pela "brincadeira" pressupõe o conhecimento do desconforto vivido na experiência de confrontar-se com um mundo resistente às expectativas do sujeito. De outro lado, porém, brincar é uma forma de resistir, de marcar posição, de transgredir.

Numa palavra, de criar. É neste potencial criativo do ser humano que Winnicott nunca deixou de acreditar. É nele que também aposto, apostando no poder artesanal da brincadeira - no sentido existencial que lhe confere Winnicott — como dispositivo de sobrevivência do sentido da educação e da escola.

Sanny S. da Rosa
São Paulo, maio de 2010.

Início de conversa

A introdução de um livro começa, quase sempre, pela apresentação das pretensões do autor, de seus motivos e fins. Vou começar, porém, fazendo uma inversão: quero falar do que este livro *não* é e do que ele *não* pretende. Este livro *não* é e *não* pretende ser nada que se aproxime da ideia de *ensinar* algo a alguém, seja do ponto de vista teórico, seja do ponto de vista prático. Prefiro pensá-lo como uma oportunidade de diálogo entre pares, como espaço possível de troca de experiências, impressões, perspectivas. Entre "livros" e "professores" há uma característica comum, marcada pelo imaginário social em torno deles: de "livros" e de "professores" espera-se um saber seguro, verdades fundamentais, discursos logicamente articulados, uma coerência tal que obscureça a precariedade inerente às pessoas existentes atrás das denominações de "autor" e "mestre". Prefiro, então, dispensar as denominações e tentar tratar este livro tão somente como veículo de um contato entre pessoas que fizeram do "ser educador" um meio de estar no mundo e de realizar seu projeto.

Diria que este trabalho é o resultado de mais um esforço de pensar a prática pedagógica e o papel do educador a partir das questões que se apresentam no dia a dia da sala de aula, no momento vivo do aprender-ensinar, momento em que atuam não alunos e educadores *ideais*, e sim alunos e professores *reais* a partir e de dentro da ambiguidade que os caracteriza como seres humanos. Tarefa um tanto quanto difícil e ousada, eu diria, não apenas porque as mais diferentes teorias e tendências pedagógicas já deixaram de algum modo suas marcas na maneira como nós, educadores, pensamos a nós mesmos e aos nossos alunos, mas também porque a própria *estética* do cenário pedagógico — isto é, a organização do *espaço* por intermédio do arranjo das carteiras, da lousa, da mesa do mestre, e do *tempo* por meio da condução didática do aprender e ensinar — tende a definir "modelos ideais" em termos mais ou menos absolutos.

Tal divisão se reflete também nas abordagens teóricas em educação, cujos campos de investigação se dividem entre questões relativas ao *ensino* (e aí encontramos os diversos estudos sobre metodologias e técnicas pedagógicas) e questões relativas à *aprendizagem* (teorias do desenvolvimento cognitivo, afetivo, problemas de aprendizagem etc.), ficando na sombra e em silêncio o que acontece na área intermediária entre esses dois polos. Assim, penso que o grande desafio deste livro é o de colocar no foco de discussão o que se passa no espaço "entre", no território da *relação pedagógica* propriamente dita, como um *campo* onde ocorre — ou muitas vezes deixa de ocorrer — o ensinar e o aprender.

É verdade que o tema da qualidade da relação professor-aluno está de certa forma sempre presente nos debates sobre as práticas de sala de aula, sendo apontado como um dos fatores fundamentais do sucesso ou fracasso do processo ensino-aprendizagem, o que, não raro, costuma se converter em discurso moralista e de ataque à postura dos professores. Para tanto, em grande parte tem concorrido o tratamento superficial e até mesmo maniqueísta da literatura em Educação que, insistentemente, classifica os educadores como "autoritários" ou "democráticos", como se tais termos compreendessem o "bem" e o "mal" e dessem conta de explicar e resolver, magicamente, a complexidade desse encontro humano marcado por contradições e conflitos. Penso que a tentativa de superar tais simplificações, com o objetivo não apenas de compreender mas de melhor poder lidar com o que aí ocorre, passa por assumir que, assim como os temas específicos do "ensino" e da "aprendizagem", o tema da *relação pedagógica* constitui um *campo próprio* cuja singularidade é a sua condição de *espaço de trânsito* das múltiplas dimensões do humano implicadas nos atos de aprender e ensinar.

A ideia de relação pedagógica como campo, isto é, como território onde acontece (ou não) alguma coisa, foi se constituindo, para mim, a princípio, pela constatação da insuficiência do discurso, enquanto expressão de um raciocínio organizado e internamente coerente, para o sucesso da aprendizagem. Dito de outro modo, minha experiência pedagógica em sala de aula foi me mostrando, ao longo do tempo, que o domínio teórico dos conteúdos, a clareza de retórica e a utilização de metodologias adequadas, embora elementos necessários e indispensáveis ao trabalho do professor, não são em si mesmos suficientes para garantir um autêntico envolvimento dos alunos com o conhecimento. Ou ainda que a comunicação eficiente depende de algo mais do que a mera articulação lógica do discurso do mestre e da reconstrução desse mesmo discurso por parte do educando. E aqui é necessário esclarecer algo: ao dizer "discurso" não estou me referindo apenas à técnica de aulas expositivas, mas também aquelas que, abrindo espaço para o aluno, visam a sua participação como "construtor" de conhecimentos. Pois tanto num modelo como no outro existe lá um discurso, um algo dito, ainda que com arranjos diferentes. Empiricamente, e a princípio de forma apenas impressionista, fui percebendo que o conhecer não é apenas da ordem da construção cognitiva, mas, antes disso, que o conhecimento depende de uma experiência de *comunicação vital* com um objeto que, em sala de aula, se dá por intermédio e no *encontro* entre dois *seres*: o aluno e o professor. A existência ou não disso que aqui estou chamando de *encontro* é responsável pelo colorido especial de uma "aula"; é o que pode fazer dela — tanto para alunos como para professores — uma experiência prazerosa ou, em contraste, uma penosa obrigação.

A percepção da centralidade da experiência do *encontro* funcionou para mim como uma espécie de convocação a um estudo mais cuidadoso do tema, dessa vez buscando uma compreensão que pudesse dar forma e também nomear, conceitualmente, as impressões retiradas do contato direto com a experiência. Navegando por mares cujos ventos nem sempre são favoráveis às embarcações da Educação, encontrei nas ideias do psicanalista inglês Donald Winnicott, sobretudo no conceito de *transicionalidade*, pistas inestimáveis para compreender a natureza do encontro pedagógico e também o seu potencial criativo. Com tais "pistas" me foi possível lançar um outro olhar sobre o campo do "fazer" educativo, sem perder de vista a especificidade de seus fins. Segundo Winnicott, a experiência cultural — e a experiência de conhecimento no cenário escolar é uma de suas possibilidades — pertence e acontece no mesmo território da experiência de *ilusão* do bebê e do *brincar* da criança pequena, cuja qualidade comum é o viver criativo. Este território, por sua vez, não pertence exclusivamente ao campo da pura subjetividade e tampouco ao da pura objetividade, mas é um espaço *paradoxal* e de *trânsito* entre um e outro, entre o "eu" e o "não-eu", cuja autoria não foi e não será nunca individual, mas sempre compartilhada com o outro.

O conceito de *transicionalidade*, originalmente proposto pelo autor para explicar o movimento de passagem das experiências subjetivas do bebê humano em direção à realidade objetivamente compartilhada em coautoria com a mãe, me parece bastante interessante para pensar o diálogo do par educador-educando no contexto escolar. Isto porque, embora descrito em termos de um processo de *desenvolvimento* da criança em diferentes estágios até a vida adulta, este movimento não cumpre uma trajetória exclusivamente *linear* no sentido de que um estágio supõe a superação absoluta do anterior. Ou seja, este modelo de desenvolvimento admite e pressupõe dois movimentos simultâneos: um num sentido *progressivo*, com a consequente ampliação do campo da realidade objetivamente percebida, e outro que se poderia chamar de movimento *pendular* e constante entre a subjetividade e a objetividade, cuja condição de possibilidade é a existência de uma *terceira área da experiência*, capaz de funcionar como espaço de trânsito entre uma e outra. Constituída na relação com a mãe, esta zona intermediária — também denominada pelo autor de *espaço potencial* — é, por excelência, o campo do viver criativo, do brincar e da experiência cultural.

A partir disto é possível pensar que, embora o papel do professor não se confunda, obviamente, com a função materna, e ainda que os objetos com os quais trabalha pertençam ao campo da objetividade, o *lugar* onde sua intervenção pedagógica adquire uma dimensão significativa para si mesmo e para o educando pertence ao território da *transicionalidade*. Para compreender mais facilmente este fenômeno, talvez seja suficiente lembrar "aquela aula" — arquivada num lugar especial da memória — em que, desatentos à pura objetividade, professor e alunos percorreram caminhos não previstos no planejamento e até "perderam a hora"! É certo que a qualidade *daquela* aula não se repete em todas as demais. Talvez seja preciso ter paciência para aguardar por ela! Entretanto, alunos e professores *sabem* que foi *naquela* aula e *naquele* momento que o que havia de mais significativo para ser ensinado e aprendido aconteceu.

Penso que agora já é possível adiantar do que trata este livro, o que, de certo modo, já está sintetizado nos três temas que lhe serviram de título. Num primeiro momento, coloco em discussão as relações entre o brincar, a capacidade criativa e a experiência do conhecimento, à luz das contribuições teóricas de Winnicott, mas sem perder de vista o cenário que deu origem a essas reflexões, ou seja, a vivência de sala de aula e o contato humano com os alunos. Em seguida, e como tema do segundo capítulo, a ideia é a de repensar o *campo* do fazer pedagógico a partir da análise dos seus fins: a construção do conhecimento e da autonomia moral. Sendo esse um fazer que transita entre a subjetividade do próprio professor e a objetividade dos conteúdos que ensina, que transita entre a pessoa do mestre e a dos alunos, entre a tradição cultural e a capacidade de *re*-criação, penso que como consequência dessa outra perspectiva de localização é necessário também repensar o lugar e o papel do próprio educador nesse movimento simultaneamente progressivo e pendular. Na terceira parte, e tendo como referência as ideias trabalhadas nos capítulos anteriores, analiso uma experiência de sala de aula com o objetivo de ilustrar e concretizar o que proponho como uma *outra estética* da educação capaz de fazer o trânsito entre a experiência de *ser* e a de *conhecer*.

Finalmente, gostaria ainda de dizer uma outra coisa que este livro *não* é. Ele *não* é uma tentativa de desenvolver ou divulgar uma abordagem "winnicottiana" da educação. E isto pelo motivo muito simples de que as coisas de que ele trata acontecem (ou não) em muitas salas de aula a despeito das ideias desse autor. Além do que, nada seria mais antiWinnicott do que pretender transformar suas ideias em "escola". Que bom, porém, se pudermos "usá-lo" para nomear, repensar e enriquecer uma prática que já nos pertence! Talvez fique mais claro agora por que este livro *não* pretende "ensinar". Terá cumprido sua função se puder transitar.

I

Sobre brincar e conhecer

"Somos em verdade pobres se
somos apenas sãos" (D. Winnicott)

O pedido de Alice... ou por que brincar é coisa séria?

O advento da Psicanálise e a descoberta do mundo do inconsciente por Freud fizeram cair por terra a crença sobre a infância como um período feliz e livre dos conflitos vividos pelos adultos. Na verdade, ser criança não é nada fácil, e — hoje sabemos disso melhor — grande parte das dificuldades que enfrentamos como adultos na relação com o mundo e com os outros tem suas raízes fincadas naquele período remoto de nossa existência, marcado por muito sofrimento. Por isso mesmo, entre as boas recordações que guardamos da infância estão as brincadeiras e as histórias. Quem não guarda em lugar seguro e especial da memória as histórias infantis, melhor ainda se tiverem sido contadas por alguém muito importante para nós?! E por falar em histórias, quem não se lembra da fascinante história de *Alice no País das Maravilhas*? História cheia de aventuras e deliciosas irrealidades! É de todos conhecido o fato de que Alice, a personagem de Lewis Carroll, existiu de verdade, ou seja, era uma menina de carne e osso. Isto importa pouco para quem só quer saber da história inventada por Mr. Charles Lutwidge Dodgson, nome verdadeiro do autor, um compenetrado e sério professor de Oxford da Inglaterra do período vitoriano! Mas para nós, aqui, talvez valha a pena colocá-lo em evidência para pensar, não a aventura da história, mas — e só para brincar com as palavras — sobre a história da aventura.

Mr. Dodgson lecionava matemática num *college* chamado Christ Church na Universidade de Oxford, onde o pai de Alice era reitor. Conta-se que se tratava de um homem sério e sisudo, rigoroso em sua disciplina de trabalho e um tanto quanto antiquado em sua forma de se vestir. Diz-se também que alguns de seus alunos o consideravam um dos professores mais "chatos" do mundo! No entanto, uma outra face de sua personalidade aparecia quando estava junto das crianças e, ao que tudo indica, elas eram seus melhores amigos. Era um homem brincalhão, adorava jogos, charadas, mímicas e possuía muitos brinquedos. Em suas periódicas e solitárias viagens a Londres, costumava levar sempre algum quebra-cabeça ou pequeno brinquedo, caso encontrasse alguma criança em seu vagão. Certa vez Alice perguntou "como ele podia ser tão brincalhão", ao que ele respondeu: "praticando bastante quando criança!" (apud Bjork & Eriksson, 1994). Talvez se encontre nessa resposta a chave para a surpreendente capacidade imaginativa do *professor-contador de histórias* Mr. Dodgson *Carroll*! Pois, como se sabe, além de fotografar, inventar histórias era um de seus *hobbies* preferidos. Não histórias aborrecidas, como costumavam ser os livros de leitura daquela época,[1] mas histórias divertidas, cheias de coisas impossíveis e inacreditáveis, capazes de fascinar qualquer criança.

Provavelmente, tal capacidade tenha sido intuitivamente captada por Alice naquela tarde de verão, em julho de 1862, quando durante um passeio de barco em Oxford ela fez um pedido que deu origem à tão conhecida história. "Caro Mr. Dodgson, conte-nos uma história cheia de *nonsense*!" Deve-se notar que Alice — que na época estava com dez anos — não lhe pediu apenas que contasse uma história, e sim que contasse uma história "cheia de *nonsense*", palavra que, traduzida para o português, enfatiza ainda mais o sentido do estranho porque se associa à ideia de "absurdo", isto é, do que é ilógico ou do que fere a lógica. E assim é *Alice no País das Maravilhas*, uma história cheia de *nonsense* que, por isso mesmo e até hoje, prende a atenção e diverte as crianças (só as crianças?) de todas as partes do mundo. E foi assim também que o sisudo professor Dodgson deu vida ao contador de histórias Lewis Carrol: "*Era uma vez uma menina chamada Alice...*".

A história de Alice — e agora pouco importa se estamos falando da personagem ou da Alice real — começa de um modo bastante curioso e pode conduzir a uma reflexão

1. Conta-se que os livros de leitura do período vitoriano eram pobres e monossilábicos com seus inevitáveis "The cat sat on the mat", algo assim tão vazio de sentido quanto "Ivo viu a uva". Apud Carroll, *Alice's Adventures in Wonderland & Through the Looking Glass*. Puffin Books, England, 1962, p. 15.

muito interessante para os educadores sobre as relações entre sonho e realidade, mundo subjetivo e mundo objetivo, brincadeira e coisa séria, como é o caso do conhecimento. Gostaria de propor que esse esforço pudesse ser feito não pela via da tradicional oposição entre os termos, e sim pela via da complementaridade. Mas, antes, recordemos o começo da história.

> Alice estava começando a ficar muito cansada de ficar sentada ao lado de sua irmã na margem do rio e de não ter nada para fazer. Vez ou outra espiava no livro que sua irmã estava lendo, mas ele não tinha desenhos nem conversas... e de que serve um livro, pensou Alice, sem desenhos nem conversas? Estava assim envolvida com seus próprios pensamentos quando... de repente... ela viu um Coelho Branco com olhos cor-de-rosa passar correndo bem perto dela. Não havia nada de extraordinário nisso, nem mesmo — Alice pensou — nada de tão fora do comum em ouvir um Coelho dizer para si mesmo "Eu devo estar muito atrasado!"; mas quando o Coelho tirou um relógio de dentro do bolso do colete, olhou pra ele e depois correu, Alice estremeceu de curiosidade e correu atrás, chegando a tempo de vê-lo entrar num buraco junto à cerca. Foi quando se viu caindo num túnel profundo e escuro sem saber, nem mesmo por um momento, como poderia voltar à superfície.

Pensar as conexões entre redes tão distintas quanto aquelas que apontei — sonho e realidade; mundo subjetivo e mundo objetivo; brincadeira e conhecimento — é também, em certo sentido, uma aventura que, análoga à aventura de Alice, pressupõe uma viagem para as profundezas da mente humana. Esse assunto tão complexo e de tamanha magnitude tem sido objeto de estudo daqueles que buscam compreender as relações entre o pensamento lógico e as emoções ou, dito de outro modo, entre os aspectos cognitivos e afetivos da mente. Este é um terreno que tem sido explorado, em grande parte, pela Psicologia, pela Psicopedagogia com auxílio da Filosofia e da Psicanálise. As contribuições originadas desses campos de investigação interessam particularmente àqueles cujas práticas de trabalho pressupõem o entendimento do indivíduo como um todo, como é o caso da prática educativa no interior da escola. Interessa, pois, a nós educadores, participar dessa "viagem", que em absoluto se trata de uma aventura pioneira, mas pode ajudar muito a esclarecer e enriquecer o trabalho cotidiano de sala de aula. Feito o convite — e pressupondo que tenha sido aceito —, comecemos por considerar os motivos de Alice ao fazer seu pedido. Ou, ainda, por tentar entender o que há de tão interessante e convidativo numa história ou nas experiências "cheias de *nonsense*"?

Aparentemente estaremos falando quase que o tempo todo de "crianças". Contudo, qual o adulto que não se diverte ao entrar numa "casa maluca" — dessas que existem em parques de diversão —, onde o que há para ser visto desafia frontalmente as leis da lógica? Ou que, diante de espelhos que distorcem o refletido, mostram uma cabeça muito comprida num corpo pequeno e vice-versa, não irrompe numa incontrolável gargalhada? Ou ainda, que adulto não se sente atraído — a despeito e por causa do medo — pela excitante sensação de andar numa montanha-russa? Sugiro que o que existe aí de tão interessante é a *ilusão* da possibilidade de transgredir, no sentido de ultrapassar as barreiras impostas pelo *real*, e viver uma experiência onde o *desejo*, ironizando a pura objetividade, abre espaço para a sua realização. A diferença é que, como adultos, somos muito mais conscientes das fronteiras dessa ilusão. Além disso, podemos, com o auxílio da ciência, explicar objetivamente cada um dos fenômenos citados por meio de conceitos como "ilusão de ótica", "lei da gravidade", "inércia" etc. Isto quer dizer que já desenvolvemos a capacidade de *transitar* entre o universo da subjetividade e o da objetividade, identificando mais nitidamente os limites de um e de outro. É verdade também que, na condição de adultos responsáveis, somos mais constantemente solicitados a permanecer no campo da objetividade, da "vida real", da "lógica", das "obrigações", o que nos faz ser, aos olhos das crianças, gente muito "sem graça" (especialmente quando estamos *sendo* "professores")!

Em contrapartida, a infância se define mesmo por determinado tipo de relacionamento com o mundo externo que não se pauta pelas leis da realidade, mas muito mais pelas leis do próprio desejo. Tornar-se adulto significa e requer o desenvolvimento da capacidade de lidar com a frustração, de render-se às imposições do real, de aceitá-lo como um "lá fora" que escapa ao controle mágico de nossa vontade. Trata-se daquilo que os pais e professores chamam de "aprender" e que, não raro, acarreta o abandono ou o "desaprender" a ser criança. Por isso os adultos se tornam às vezes seres tão "sem graça". Provavelmente Mr. Dodgson tinha isso em mente quando certa vez, conversando com Alice, lamentou que um dia ela se tornaria uma *fine lady* e se esqueceria de como brincar! Uma questão que se coloca é se para tornar-se "adulto" — o que aqui equivale a reconhecer e aceitar a existência do real como objetividade independente — é necessário ou implica desaprender a brincar. Para que possamos prosseguir nessa discussão será preciso, agora, explicitar melhor os conceitos com os quais estamos trabalhando ao nos referirmos ao brincar e à brincadeira para, em seguida, estabelecer alguns vínculos entre essa atividade e as "coisas sérias", como é o caso do conhecimento.

Porque o tema do brincar, do brinquedo e da brincadeira tem sido largamente discutido nos meios educacionais, sobretudo a respeito da importância desta atividade para o desenvolvimento *intelectual* da criança pequena, penso que é importante adiantar que a ênfase dada ao assunto aqui é de outra natureza. Em primeiro lugar, porque se o tema do brincar está associado à infância, é porque a brincadeira, como já dissemos, é uma atividade típica das crianças, e é na infância que ela se inaugura. Entretanto, a ideia de brincadeira e do brincar, da maneira como aqui será tratada, deve ser pensada de forma ampla, isto é, menos como uma atividade determinada e mais como uma *qualidade* da relação que um indivíduo estabelece com os objetos do mundo externo. Nesse sentido, o brincar típico da criança inclui o modo como um adulto também pode — ou não, como se verá — se relacionar com os objetos de seu universo de interesse, entre eles a experiência cultural. Em segundo lugar, porque o brincar, aqui, não será tratado como "estratégia de ensino" ou como "recurso" facilitador da aprendizagem, mas muito mais como possibilidade de abertura de um campo onde os aspectos da subjetividade se encontram com os elementos da realidade externa para possibilitar uma experiência criativa com o conhecimento. Numa palavra, é como atividade *humana*, e não estritamente cognitiva, que o brincar nos interessa e ganha relevância. Comecemos, pois, por tentar responder o que as crianças estão fazendo enquanto brincam para, em seguida, compreender a importância dessa atividade para o seu desenvolvimento pessoal.

Tomarei de empréstimo a descrição de um exemplo dado por Furth de uma criança por volta dos três anos de idade, brincando de automóvel. Ela "usa um pequeno pedaço de madeira, movimentando-o ao redor do assoalho, abaixo, acima e entre várias peças do mobiliário, durante o tempo todo acompanhando o movimento com ruído forte, que soa tanto mais forte quanto mais firmemente ela faz o pedaço de madeira mover-se, e com uma exclamação de *crash* quando este colide com um obstáculo sólido" (Furth, 1995, p. 39). Retomando nossa questão: o que esta criança está fazendo? Pode-se claramente perceber, pela observação, que ela está *usando* o pedaço de madeira para *fazer de conta* que é um carro. Ou, em outras palavras, que ela está *substituindo* o carro, enquanto coisa, por um outro objeto capaz de *representá-lo* na brincadeira. Isto quer dizer que, do ponto de vista do desenvolvimento *cognitivo,* esta criança: 1) já *sabe* que os objetos existem *fora* dela e de suas ações, isto é, que possuem existência *permanente* e, 2) ela já *construiu* uma imagem mental (ou ideia) que lhe permite *re*-presentar o objeto (isto é, torná-lo novamente presente) na ausência de uma ação concreta. Tomando como referência o pensamento de Piaget, de acordo com Furth, duas grandes conquistas já foram alcançadas: a primeira é que o objeto (carro) para esta criança deixou de ser um *objeto de ação* para se transformar num *objeto de conhecimento*; em segundo lugar, que este objeto (de conhecimento) já possui um *significado* para ela e, por isso mesmo, pode agora ser *simbolizado* por um objeto substituto (*significante*). Tais conquistas são exatamente aquelas que caracterizam, ainda segundo Piaget, a passagem do período sensório-motor para o estágio das ações simbólicas.

Outro aspecto importante merece ser destacado, ainda do ponto de vista do desenvolvimento intelectual, concernente à brincadeira e ao brincar nesse estágio de desenvolvimento. A construção do símbolo pela criança amplia a sua capacidade de brincar e de tirar satisfação das brincadeiras na exata medida em que ela, agora, tem consciência da simulação inerente ao jogo simbólico, isto é, ela não apenas brinca mas tem a *intenção* de brincar. Como muito bem assinalou Furth, essa criança "pode não se interessar pela diferença entre brinquedo e realidade, mas isso é outro assunto". O importante é que, continua o autor,

> o processo de internalização dos símbolos começa, de fato, ao mesmo tempo que o brinquedo simbólico é observado, e é principalmente esta internalização dos símbolos que é decisiva para a psicologia humana. Pense no que isto significa. Nada mais, nada menos que a construção do mundo da ação presente, o mundo não mais restrito pelas resistências das outras pessoas ou da causalidade física. Brincar de carro movimentando um bloco não está sujeito às restrições do mundo real de carros e trânsito. (...) Remova todos os limites e você encontrará um mundo verdadeiramente ilimitado de símbolos internos, sujeito a nenhuma outra restrição além dos desejos do "Eu" assimilador. As crianças que brincam com a imaginação podem dirigir o carro através do ar ou sobre as águas, ou fazer qualquer outra coisa com o carro, de acordo com sua fantasia. (Furth, 1995, p. 44)

Talvez o leitor atento tenha já identificado a existência de um interessante *paradoxo* na experiência descrita acima.

Convém explicitá-lo. Da criança envolvida no jogo simbólico pode-se dizer que, de um lado, ela já participa do mundo dos objetos *reais*, isto é, de um mundo onde os objetos possuem existência própria e separada do sujeito. Isto significa que uma importante distinção já foi realizada, que é aquela entre o "eu" e o "não-eu". Em outras palavras, que à conquista da consciência do objeto corresponde a conquista da consciência do "eu" como sujeito, e que os elementos necessários à experiência do conhecimento já estão constituídos. Do ponto de vista prático, esse progresso implica a *sujeição* do "eu" às características próprias do objeto, isto é, implica um tipo de relacionamento com o mundo que pressupõe um crescente exercício de tolerância com os limites da realidade e, em contrapartida, a ampliação da capacidade de suportar a frustração. Por isso mesmo é que, não raro, assistimos às crianças pequenas "brigando" com os objetos quando estes não se acomodam aos seus desejos. De outro lado — e aqui reside o *paradoxo* apontado acima —, esta mesma separação que a "submete" aos imperativos do real é a que lhe possibilita ampliar o espaço de sua liberdade. Separada dos objetos de sua ação presente, a criança agora é dona de um "eu" capaz de enriquecê-los por intermédio da criação imaginativa na exata medida em que se torna permeável à riqueza das múltiplas possibilidades oferecidas por eles. Esta é a razão pela qual as crianças permanecem também, a partir desse estágio, longos períodos *encantadas* com os objetos a sua volta, mergulhadas nas brincadeiras de *faz de conta*, onde tudo (ou melhor, *quase* tudo) é possível.

Na verdade, nada do que foi dito até agora é, de fato, novo para o leitor. Seja porque este é um tema amplamente discutido pela literatura disponível, seja porque faz parte de um conhecimento empírico, isto é, do dia a dia do trabalho pedagógico ou simplesmente do contato informal com crianças pequenas. O que talvez possa parecer novidade, e isto porque de um modo geral os estudos relativos ao tema não costumam atribuir muita importância a este aspecto da questão, é que o "brincar" tem uma história. Ele não acontece "de repente" ou a partir do dia em que a criança *acordou* e estava no período simbólico, para continuar utilizando a terminologia piagetiana. Além disso, diferentemente também do que a literatura sobre o assunto costuma enfatizar, a história do "brincar" não se funda na relação sujeito-objeto. Dito de outro modo, a história do "brincar" não é apenas a pré-história do conhecimento. Antes disso, é uma história de amor entre dois sujeitos, cujas raízes foram fundadas na relação primordial do bebê com o seu primeiro *outro*, na relação mãe-bebê. Tudo isso pode parecer, a princípio, pouco científico: afinal, histórias de amor costumam ser tema de romance e não de ciência. Mas se o leitor aceitou, até aqui, deslizar no *túnel de Alice*, talvez se sinta interessado em seguir adiante e saber para onde terá ido aquele Coelho Branco! Deste ponto para a frente, deixarei que outro autor assuma a direção da "viagem", pois, ao que me parece, ele tem coisas bastante interessantes a dizer sobre essa *história de amor*. Trata-se de Donald Winnicott, o psicanalista inglês de que falei no começo desta conversa.

Apenas a título de uma breve apresentação, D. Winnicott (1896-1971) encontrou-se com a Psicanálise vindo da Medicina, e foi duplamente na condição de pediatra e psicoterapeuta que fez suas importantes contribuições à teoria psicanalítica e à prática clínica. Marcado pela tradição cultural de seu povo, como nos diz Masud Khan, "para ele os fatos eram a realidade, teorias eram o gaguejar humano em direção à compreensão dos fatos".[2] Talvez por isso mesmo, e também como marca de seu estilo pessoal, os textos de Winnicott foram escritos em linguagem simples e clara, quase do modo como falava. Pelo mesmo motivo, sua produção teórica deriva, em grande parte, de sua prática clínica como pediatra e das observações do relacionamento mãe-bebê dela resultantes. Seu envolvimento com a teoria, portanto, nunca se distanciou da prática clínica, e o público-alvo de sua fala não se manteve restrito ao círculo dos intelectuais da Sociedade Britânica de Psicanálise, mas se dirigia a pais, professores, assistentes sociais etc., quando convidado a participar de palestras em diferentes instituições, e também através de programas de rádio veiculados pela BBC de Londres. Ao lado da simplicidade, a rejeição a qualquer forma de dogmatismo foi uma outra característica definidora da pessoa de Winnicott, cujos vestígios permanecem visíveis na abordagem sempre provisória e aberta de seus inúmeros trabalhos escritos. Como já disse, minha proposta é trazê-lo para este debate, o que farei ora apresentando algumas de suas ideias, ora deixando que ele mesmo o faça.

O brincar e a capacidade criativa: o que isto tem a ver com conhecimento?

Continuando, então, dizia que o "brincar" tem uma história que antecede e abre caminho ao brincar simbólico

2. "For him facts were reality, theories were de human stammer towards grasping the facts", da introdução de M. Masud Khan à edição inglesa de *Through Paediatrics to Psychoanalysis — Collected Papers*, 1992.

que estávamos analisando, cujo pressuposto e possibilidade é a separação sujeito-objeto, "eu" e "não-eu", mundo subjetivo-mundo objetivo. Pois bem, esta história começa num tempo muito remoto quando, *do ponto de vista do bebê*, entre ele e a mãe, ou ainda, entre ele e o mundo, não há nenhum hiato. O que existe é uma totalidade indiferenciada. Nesse período, o bebê vive uma total dependência da mãe que, em contrapartida, para que tudo corra bem, precisa oferecer a ele uma adaptação quase completa às suas necessidades. A esta mãe que, no começo, se adapta ativamente ao seu bebê, respondendo às suas chamadas, identificando e identificando-se com as suas necessidades, Winnicott chamou de "mãe suficientemente boa". Note-se que a adaptação materna é *quase* perfeita e que a mãe que assim responde é *suficientemente* boa. Penso que é importante ressaltar essa nuance logo de início, pois há uma tendência de os leitores de Winnicott relacionarem essa mãe com uma mãe perfeita. Isto ocorre apesar do cuidado do autor em relativizar o conceito, uma vez que ao formulá-lo Winnicott não se referia a uma mãe *ideal*, mas a uma mãe *real*, quer dizer, humana.

E mãe humana — como professor humano e qualquer *ser* humano — é um ser que falha. E precisa falhar! Winnicott não descuidou desse aspecto, apenas enfatizou que *no início* esta adaptação deve ser praticamente total para que o bebê possa experimentar o que ele chamou de "continuidade do ser". Pois se a mãe falha ou demora muito tempo — mais do que o bebê a princípio é capaz de suportar —, o que se passa é que essa criança vive uma experiência de ansiedade de tal ordem que, dependendo da intensidade com que é vivida, isso pode acarretar danos psíquicos e emocionais em certos casos irreparáveis. Mas este é um outro assunto. Interessa-nos, por enquanto, compreender melhor o que acontece quando *tudo corre bem* (aquilo que Winnicott considerou como padrão de saúde) e de que modo isso se relaciona com o brincar.

Considerando que o momento da alimentação representa uma das primeiras e sem dúvida das mais importantes oportunidades de contato do bebê humano com o mundo externo, Winnicott adotou como primeiro modelo de relação com os objetos o par *bebê-seio* (ou *mãe*) durante a experiência da amamentação. Nesse contato primordial, a mãe proporciona ao seu bebê a oportunidade de viver uma experiência de *ilusão* de que o seu seio *é* ou faz parte dele mesmo, ou seja, *como se* o seio estivesse sob seu controle mágico. Nesse momento de indiferenciação, o bebê *é* o seio (ou a *mãe*). Ou, se se preferir, o sujeito *é* o objeto (Winnicott, 1996, p. 79). Este controle mágico, este *como se* — também típico das brincadeiras de *faz de conta* — diz respeito ao que, em linguagem psicanalítica, é chamado de *experiência de onipotência*. Em linguagem comum poderíamos nos referir a uma experiência análoga a de ser Deus, ou da do poder de *criação*.

Aqui, chegamos ao ponto: o que Winnicott está propondo é que o bebê dispõe da capacidade de "conceber" algo que atenderia às suas crescentes necessidades pulsionais. Nesse exato momento a mãe se apresenta oferecendo-lhe o seio (real) e seu impulso potencial de alimentar. A repetição desse evento possibilita o desenvolvimento de um fenômeno subjetivo por meio do qual o bebê é capaz de viver a experiência de *criar* e *re-criar* o seio materno. Winnicott fez questão de ressaltar o fato de que, durante essa vivência, não há intercâmbio entre a mãe e o bebê: "Psicologicamente, o bebê recebe de um seio que faz parte dele e a mãe dá leite a um bebê que é parte dela mesma" (1975, p. 27). A *ilusão* ocorre, assim, na *sobreposição* do que é proporcionado pela mãe e do que é concebido pelo bebê, constituindo daí em diante uma *terceira área* de experiência *entre* a subjetividade e a objetividade.

Imagino que a descrição dessa sequência de eventos já tenha despertado no leitor alguns pontos de interrogação, quem sabe até algumas suspeitas (hipóteses) sobre as possíveis relações entre a experiência da *ilusão* e o *brincar*. Estamos no caminho certo! Essas relações de fato existem, e até mesmo, pode-se já adiantar, de acordo com Winnicott, existe um *continuum* no tempo entre a ilusão do bebê, o brincar da criança pequena e a experiência cultural vivida pelo adulto. Mas para melhor compreendê-las é ainda necessário conhecer melhor alguns outros fios desse complexo tecido. Winnicott (1975) os descreveu em muitos de seus trabalhos, mas encontramos uma discussão aprofundada sobre o assunto em seu texto clássico sobre "Objetos transicionais e fenômenos transicionais", escrito em 1951. Aqui, o autor dá especial atenção ao significado e importância, no processo de desenvolvimento do bebê, à primeira possessão verdadeiramente "não-eu", isto é, àqueles objetos — ursinho, ponta de um cobertor ou lençol — a que os bebês costumam se apegar e que se tornam muito importantes na hora de dormir ou como defesa em situações de ansiedade. Esses objetos Winnicott chamou de "transicionais", entendendo pelo termo "transicional" o fato de que eles incidem sobre uma área da experiência que não pertence nem à pura subjetividade e nem à pura objetividade, mas a meio caminho *entre* uma e outra. Nela é que também incidem outros eventos como o próprio balbuciar do bebê e as cantigas de ninar a que o autor denominou de "fenômenos transicionais".

Essa área intermediária entre o interior e o exterior pertence ao mesmo território da experiência da *ilusão* proporcionada pela "mãe suficientemente boa" num período em que o bebê vivia ainda um estado de dependência absoluta. Portanto, entre a experiência onipotente da *ilusão* e a ocorrência dos "objetos e fenômenos transicionais" há uma relação de continuidade no tempo, ao longo do qual a mãe gradualmente falha, isto é, inicia a sua segunda mais importante tarefa: a da *desilusão*. Desiludir o bebê é tão importante quanto iludir, pois é só desta maneira que os objetos do mundo se tornam reais. Por isso mesmo é que Winnicott enfatiza o fato de que, embora o objeto transicional (ursinho, cobertor, ou o que quer que seja) *simbolize* um objeto (o seio ou a mãe), o importante não é tanto o seu valor simbólico, mas o fato de ser um objeto *real*.

Esta observação do autor é central para que se compreenda a importante função dos objetos e fenômenos transicionais: eles iniciam o indivíduo numa longa jornada cuja trajetória tem início nos objetos ou fenômenos subjetivos (indiferenciação), até alcançar a objetividade (diferenciação). Tal trajetória descreve aquele movimento *progressivo* a que me referi. Simultaneamente, porém, o relacionamento do bebê com os objetos transicionais dá início a um outro movimento, este *pendular*, cuja função é e *sempre será* a de tentar relacionar o que é subjetivamente concebido e o que é objetivamente percebido. De novo, a tarefa de relacionar um dentro e um fora, mundo interno e mundo externo. Entretanto, esta tarefa, segundo Winnicott, nunca será completada e, por isso mesmo, a principal função dos objetos e fenômenos transicionais é a de dar *forma* a um território que será sempre muito importante para o ser humano, um território de "descanso", uma área não contestada da experiência onde terá lugar o brincar e, mais tarde, a experiência cultural.

Penso que esta ideia de uma área "não contestada" da experiência merece uma explicação mais minuciosa, tendo em vista sua centralidade no pensamento do autor e também porque é exatamente esta noção a responsável pela originalidade de suas ideias. Sempre que nos referimos à realidade, isto é, aos fatos e coisas, tal como elas se apresentam para nós *objetivamente* falando, o que está pressuposto aí é exatamente a existência de seu oposto, ou seja, a existência de um âmbito da subjetividade humana, campo de nossos sonhos e fantasias. Quando Winnicott fala de uma *área intermediária* da experiência, está se referindo a um campo em que, *paradoxalmente*, os objetos não pertencem nem exclusivamente à subjetividade, nem exclusivamente à objetividade. Isto quer dizer que os objetos e fenômenos transicionais nunca estão totalmente sob o controle mágico do indivíduo (pois têm existência objetiva) e tampouco totalmente fora de controle, uma vez que se relacionam com a sua capacidade imaginativa. Trata-se, no dizer de Winnicott, de um *paradoxo* a ser aceito, não resolvido! "Do objeto transicional, pode-se dizer que se trata de uma questão de concordância, entre nós e o bebê, de que nunca formulemos a pergunta: 'Você concebeu isso ou lhe foi apresentado a partir do exterior?' O importante é que não se espere decisão alguma sobre esse ponto. A pergunta não é para ser formulada" (1975, p. 28). Tentar resolver este paradoxo é invadir o território e "estragar" a brincadeira. É neste sentido que se trata de uma área de "repouso", uma área cuja existência depende fundamentalmente da manutenção desse "acordo".

Outro aspecto que merece ser mais bem explicado é o da coexistência desses dois movimentos (um progressivo e outro pendular) no processo de desenvolvimento do indivíduo. Estamos de certo modo habituados a conceber uma linha evolutiva responsável por uma constante e crescente descentração do indivíduo em relação ao mundo, isto é, um "progresso" da sua capacidade de conceber e de ajustar-se à realidade. Este progresso não apenas é esperado como também é necessário, porque dele depende a possibilidade de o indivíduo compartilhar com os outros o mundo da cultura. Não há até aqui nenhuma dificuldade. Entretanto, conceber e aceitar o fato de que esse movimento progressivo pode (e deve) conviver com um outro que pressupõe idas e vindas entre a subjetividade e a objetividade já não é tão simples. Primeiro porque exige que, do ponto de vista conceitual, essa terceira área de que fala Winnicott seja concebida enquanto uma área de experiência bastante singular. Segundo porque, do ponto de vista prático, nem sempre nós adultos (particularmente na condição de educadores) nos conformamos com a ideia de que um indivíduo — seja ele criança, adolescente ou adulto — "viaje" para fora dos limites do "real", especialmente quando há assuntos muito "sérios" a tratar. É claro que tais "viagens" muitas vezes excedem o limite do tolerável, e cada caso é um caso a ser compreendido e lidado dentro de seu contexto. Mas, por outro lado, quantas vezes não acontece de, durante algumas dessas "viagens" — para algum ponto entre o interior e o exterior —, concebermos uma ideia ou termos um *insight* importante e decisivo para a compreensão do mundo lá "fora" ou de algo pertencente ao nosso mundo interno? Mas tentar conceber e, mais do que isso, fazer um esforço para aceitar e conviver com uma dimensão não exclusivamente linear e progressiva do desenvolvimento humano pode ser bastante útil e interessante para aqueles que têm como tarefa educar.

Assim, quando Winnicott nos fala da constituição de uma terceira área da experiência, ele não está se referindo a um "estágio" do desenvolvimento que com o tempo será superado e abandonado. Ao contrário, uma vez formado, esse território se torna parte do patrimônio pessoal do indivíduo. Trata-se de um lugar ou de um espaço — também chamado por ele de *espaço potencial*[3] — onde o indivíduo terá a oportunidade de viver criativamente ao longo de sua existência, bem como de "guardar" o que for encontrando nos seus contatos com a cultura. Isto quer dizer que o que muda, ao longo do tempo, é o *uso* que ele fará desse espaço. Numa sequência temporal, foi aí que o bebê viveu a experiência de *ilusão* de criar os objetos, a criança pequena pode *brincar* e o adulto exercitar seu *potencial criativo* e participar da experiência eminentemente humana de compartilhar e contribuir com o mundo da cultura, por intermédio da ciência, da arte, da filosofia, da religião. Este processo, contudo, depende de que, *no início*, tenha existido um ambiente "suficientemente bom", ou seja, que tenha existido um tipo de provisão ambiental (no começo proporcionado pela mãe) capaz de reconhecer e acolher as necessidades da criança

3. Esta ideia de "espaço potencial" está bem desenvolvida no seu trabalho sobre "A localização da experiência cultural". In: *O brincar e a realidade*.

pequena a fim de que ela desse início à sua trajetória de diferenciação.

E por que esta vivência primitiva do bebê é tão importante? Em linguagem psicanalítica, Winnicott argumentava que "não há qualquer possibilidade de o bebê passar do princípio do prazer para o princípio da realidade, a menos que tenha existido uma mãe suficientemente boa" Lembrando: a mãe suficientemente boa é aquela que se adapta ativamente às necessidades do bebê e, gradualmente, falha de acordo com a crescente capacidade da criança de tolerar as frustrações, o que inclui a sua familiaridade com certa rotina e o desenvolvimento de sua atividade mental ou cognitiva. Assim, do ponto de vista do autor, "os fenômenos transicionais representam os primeiros estádios do uso da ilusão, sem os quais não existe, para o ser humano, significado na ideia de uma relação com um objeto que é por outros percebido como externo a esse ser" (1975, p. 26).

Para compreender o profundo significado desta última afirmação do autor, é preciso compreender que o mundo dos objetos "reais" só adquire significado se, e somente se, tiverem sido oferecidas ao bebê as condições necessárias para o reconhecimento da existência do seu *ser* (*self*). Para Winnicott, primeiro vem o "ser" e, só depois, o "fazer" sobre os objetos do mundo. O "fazer" — como ação intencional sobre os objetos — já pressupõe diferenciação. Anterior a esse estágio, ainda na indiferenciação, é que um indivíduo vive e "conhece" o *ser*, o seu próprio *ser* (*self*). Em outras palavras, é na experiência da *ilusão*, por meio da vivência *onipotente* — a experiência de ser Deus! —, que o bebê recebe a confirmação de sua própria existência. Exatamente por esta razão é que pode evoluir de um estado de *não-integração* para um de *integração*,[4] isto é, pode passar da indiferenciação para a percepção da organização de um "eu" (*self*) como uma unidade separada e distinta do "não-eu".

É verdade que existe a tendência natural do indivíduo à integração em função dos processos de maturação biológica, intelectual e emocional, mas a *qualidade* deste processo depende, sobretudo, das experiências de cuidado corporal no contato direto com a mãe, do modo como "a temperatura do bebê é mantida, ele é manipulado, embalado e nomeado" (Winnicott, 1993, p. 276). Trata-se, em linguagem comum, da *qualidade* do contato humano aí estabelecido ou, ainda, daquela *história de amor* entre o indivíduo e o seu primeiro *outro*, construída sobre uma base de *confiabilidade*. Este é sem dúvida um ponto central e inegociável da teoria de Winnicott sobre a possibilidade do viver criativo. Sobre isso vale a pena reproduzir uma passagem do pensamento do autor sobre o papel desempenhado pelo *rosto* da mãe nessa etapa do desenvolvimento infantil.

> [...] em certo ponto, o bebê passa a olhar em volta. Talvez um bebê ao seio não olhe para este. É mais provável que a característica seja olhar para o rosto. E o que vê o bebê ali? [...] Sugiro que, normalmente, o que o bebê vê é ele mesmo. Em outros termos, a mãe está olhando para o bebê e aquilo com o que ela se parece se acha relacionado com o que ela vê ali (1975, p. 154).

Aqui, Winnicott está se referindo à qualidade do olhar de uma mãe que é capaz de reconhecer o seu bebê como

4. Sobre o tema da "integração do ego", ver texto "A integração do ego no desenvolvimento da criança". In: *O ambiente e os processos de maturação*.

um *ser*, identificando-se com ele por intermédio de uma adaptação praticamente completa. Em contraste, o olhar de uma mãe que não reconhece o seu bebê como um *outro* é um olhar invasivo, que reflete seus próprios humores e "a rigidez de suas próprias defesas" (ibid.). A mãe que não reage, isto é, "cujo rosto é fixo" acostuma o seu bebê a olhar e não ser visto. Seu rosto não é um espelho. As consequências desse fracasso materno são, primeiro, o paulatino atrofiamento da capacidade criativa da criança e, na sequência, a formação de uma série de mecanismos de defesa que conduzirão àquilo que ele chamou de "falso *self*" em oposição a um "*self* verdadeiro". Assim, o autor nos ensina que quando a criança olha e aquilo que ela vê é sempre o rosto da mãe, sucede que desde muito cedo o bebê começa a desenvolver um esforço de *compreensão* e, mais do que isso, de *previsão* das possíveis reações da mãe com a finalidade de se defender de eventuais ameaças de ataque. Vejamos como Winnicott descreve o que se passa:

> Alguns bebês, tantalizados por esse tipo de relativo fracasso materno, estudam as variáveis feições maternas, numa tentativa de predizer o humor da mãe, exatamente como todos nós estudamos o tempo. O bebê rapidamente aprende a fazer uma previsão: "Por enquanto, posso ficar seguro, esquecer da mãe e ser espontâneo, mas, a qualquer momento, o rosto dela se fixará ou seu humor dominará; minhas próprias necessidades pessoais devem então ser afastadas, pois, de outra maneira, meu eu (self) central poderá ser afrontado". (Ibid., p. 155)

É claro que o bebê não *pensa* tudo isso, pois ainda não desenvolveu uma capacidade intelectual para tanto. O que

Winnicott fez aqui foi traduzir em palavras o que, numa situação assim, o bebê provavelmente *sente* e como pode transformar esse sentimento num *saber* indesejavelmente precoce. Em tais condições, a experiência de "continuidade do ser" cede lugar a "racionalizações" (previsões) que, dissociadas do *self* (ser) do bebê, dão início ao um pensar que se desenvolve submisso, isto é, um pensar que se organiza como defesa contra a ansiedade. É assim que "a percepção toma o lugar da apercepção, toma o lugar do que poderia ter sido o começo de uma troca significativa com o mundo, um processo de duas direções no qual o autoenriquecimento se alterna com a descoberta do significado no mundo das coisas vistas" (ibid.).

Podemos inferir, a partir dessas observações, que o desenvolvimento saudável da capacidade de conhecer o mundo — portanto, também da capacidade de aprender — depende em grande parte das condições oferecidas pelo ambiente no processo de desenvolvimento emocional primitivo da criança pequena; além disso, que o saber depende da possibilidade que um indivíduo teve de experimentar um estado de *não-saber* sem se sentir ameaçado por isso; finalmente, que o pensar criativo, do mesmo modo que o brincar criativo — como formas diferentes de "fazer" —, dependem da possibilidade que um indivíduo teve de experimentar e viver o seu próprio "ser" numa relação com o outro, pautada, sobretudo, pelo respeito e pela confiabilidade.

É certo que o túnel que nos permitiria visitar a mente humana é muito mais profundo e, dada a sua complexidade, este túnel certamente conduziria a um verdadeiro labirinto difícil de ser percorrido e também decifrado. Teremos escorregado o suficiente, porém, se o que foi dito até agora tiver ajudado a esclarecer um pouco sobre a história primitiva do brincar, com o que já podemos reiniciar nosso caminho de volta à superfície e estabelecer algumas conexões entre essa trajetória e a experiência do conhecimento. Num texto específico sobre o tema, Winnicott desenvolve sua teoria sobre o brincar, cujo pressuposto básico é o de que ele se localiza na terceira área da experiência, no espaço de trânsito entre o interior e o exterior ou, ainda, no espaço potencial da criatividade. Como os objetos e fenômenos transicionais que deram forma a essa área, postula que o brincar é uma atividade que não pertence nem a um interior, onde os objetos estão sob controle mágico, tampouco a um exterior e fora de qualquer controle. Em seguida afirma: "para controlar o que está fora é preciso fazer coisas, não simplesmente pensar ou desejar, e fazer leva tempo. Brincar é fazer" (Winnicott, 1996, p. 41). Aqui Winnicott está se referindo exatamente à história do brincar de que falamos acima e que poderia ser resumida da seguinte forma: primeiro, o bebê *cria* o objeto (experiência onipotente da *ilusão*); em seguida este *objeto é repudiado* como um "não-eu", reaceito e, então, objetivamente percebido; finalmente, *a criança pode brincar*, numa espécie de *playground*, construído no espaço intermediário entre ele e a mãe num estado de confiabilidade. O estágio seguinte é o de estar sozinho[5] na presença de alguém, período em que a criança brinca tendo como base o pressuposto de que a mãe continua ali, disponível ao ser lembrada. Esta modalidade do brincar a habilita a progredir para o próximo estágio, onde ela se permite brincar na so-

5. Sobre este tema, Winnicott escreveu interessante texto sobre "A capacidade de estar só". In: *O ambiente e os processos de maturação*.

breposição de duas áreas: primeiro, aceitando que a mãe ou outra pessoa participe da brincadeira, mas ainda de acordo com as suas "regras"; em seguida, aceitando a introdução do brincar do outro, isto é, de ideias que não são as suas. No dizer de Winnicott, está pavimentado o caminho para o brincar compartilhado.

É perfeitamente possível perceber, nessa sequência, que a base que possibilita o brincar é a mesma da experiência da ilusão: a da *confiabilidade*. A certeza de não ser invadido ou "engolido" pelo outro. Em última instância, a possibilidade de "ser". E "ser", aqui, equivale a poder expressar um gesto autêntico, criativo. O entendimento dessa condição *sine qua non* é o que permite distinguir o verbo substantivado "brincar" do substantivo "brincadeira". Esta última se relaciona com uma atividade em si, separada e independente da criança que brinca. Muitas crianças se envolvem em brincadeiras e, no entanto, não estão efetivamente brincando, apenas obedecendo, de forma submissa, às regras de um jogo ou às expectativas de alguém. O "brincar", no sentido que Winnicott atribui a essa palavra, "é uma experiência, e uma experiência sempre criativa, uma experiência num *continuum* espaço-tempo, uma forma básica de viver" (1975, p. 50).

Ainda um último comentário acerca do brincar como um "fazer" poderá nos conduzir de volta àquele exemplo tomado de empréstimo de Furth da criança que *usa* um pedaço de madeira para brincar de automóvel. Como já vimos, o "fazer" como ação intencional da criança sobre os objetos é já a expressão da organização de um "eu", ainda que incipiente. Por isso mesmo é que, nesse estágio, assistimos às crianças pequenas "brigando" com os objetos que "teimam" em não se ajustar aos seus desejos. Assim, podemos observar facilmente o elemento da *agressividade* relacionado ao sentimento de frustração. Para Winnicott, a agressividade — ou destrutividade — cumpre papel essencial na criação do mundo como externalidade separada do "eu". Afinal, "é a destruição do objeto que o coloca fora da área de controle onipotente do sujeito" (ibid., p. 126). Este verdadeiro "progresso" na vida do indivíduo se funda, de um lado, no crescente desenvolvimento da atividade mental (cognitiva) da criança e, de outro lado, na capacidade do primeiro *outro* do bebê humano (em verdade, seu primeiro objeto) de "sobreviver" aos seus impulsos agressivos, entendendo-se por sobrevivência o "não retaliar".

É importante destacar que este padrão de acontecimentos não ocorre apenas na vida do bebê, mas persistirá ao longo de toda a vida do indivíduo. Uma observação do autor pode ajudar a compreender esta ideia:

> Se for numa análise que isso esteja se realizando, então o analista, a técnica analítica e o cenário analítico, todos entram como sobrevivendo ou não aos ataques destrutivos do paciente. Essa atividade destrutiva constitui a tentativa empreendida pelo paciente, de colocar o analista fora da área de controle onipotente, isto é, para fora, no mundo. [...] Essa qualidade de "estar sempre sendo destruído" torna a realidade do objeto sobrevivente sentida como tal, fortalece o tom do sentimento e contribui para a constância objetal. O objeto, agora, pode ser usado (Winnicott, 1975, p. 127-30).

Num outro item voltarei a este tema para pensá-lo no contexto da relação professor-aluno. Por ora, interessa compreender melhor esta ideia de "uso" dos objetos.

O que Winnicott estaria querendo dizer ao afirmar que "agora o objeto pode ser usado"? Certamente não está se referindo ao sentido comum e utilitário desta palavra. Vejamos o que ele mesmo diz sobre isso: "O desenvolvimento da capacidade de usar um objeto constitui outro exemplo do processo de amadurecimento, como algo que depende de um meio ambiente propício" (ibid., p. 125). Mas adverte: "Por 'uso' não quero significar 'exploração'" (ibid., p. 130), no sentido de que o paciente usa o analista como usou seus pais, irmãos etc. Ou seja, assim o autor afasta qualquer conotação utilitária ou pejorativa no emprego do termo. Mas acredito que apenas essa ressalva não seja suficiente para elucidar o sentido exato da palavra "uso" nesse contexto. Penso que atingimos o seu real significado se a pensarmos enquanto uma possibilidade do próprio sujeito: a possibilidade de se *apropriar* dos objetos e *usá-los* para seu próprio enriquecimento. Menos ligada à ideia de posse, esta ideia de apropriação diz respeito a uma espécie de autoautorização concedida pelo próprio sujeito para reivindicar "direitos" sobre os objetos.

E que "direitos" são esses? Diria que se trata de algo como "direitos autorais"! Pois se o indivíduo teve a oportunidade de "criar" os objetos (mesmo que eles tenham sido *apresentados* por alguém!), ele *pode* (no sentido de autoconsentimento) então *apropriar-se* de sua criação e *usá-la* (no sentido de usufruir) para alargar e enriquecer seu contato com o mundo. Entre a "criação" e o "uso", porém, foi preciso "destruir" o objeto, isto é, colocá-lo para "fora" de seu controle mágico. Em outras palavras, repudiá-lo como um "não-eu" a fim de que adquirisse existência própria e independente. Mas, de novo, esta não é uma tarefa solitária. Depende de que o objeto (ou o outro) “sobreviva” à “destruição”. Admitindo que o primeiro “objeto” de criação do bebê é o seio ou a mãe, a “destruição” desse objeto, na “fantasia” do bebê, implica que em determinado momento ele tenha sido alvo dos impulsos agressivos da criança pequena, exatamente para que pudesse se “separar”. Contudo, não se trata de uma destruição real, pois se assim fosse isso significaria o “fim” do objeto. E para que ele exista como coisa separada é preciso que permaneça, isto é, sobreviva. A ideia de “sobrevivência”, aqui, se associa à capacidade de tolerar esses “ataques destrutivos”, sem, contudo, punir. Na relação mãe-bebê, isto significa que a mãe pode ser amada, mas também odiada, sem que isso represente ameaça à existência do bebê.

Portanto, o desenvolvimento da capacidade para “usar os objetos” depende menos de uma capacidade cognitiva e muito mais de uma *possibilidade afetiva* do indivíduo de viver intensamente os sentimentos de amor e ódio. E nesse terreno não há como dispensar a participação de um *outro* no processo de desenvolvimento integral do indivíduo, incluindo a sua capacidade de amar, odiar, “criar” a externalidade do mundo e, finalmente, conhecer. Não fosse assim, Winnicott não teria enfatizado tanto a importância de um “meio ambiente propício”. E o meio ambiente propício, no início, é aquele proporcionado por uma “mãe suficientemente boa” que, de forma delicada e amorosa, possibilita ao seu bebê a experiência de “ser” e, mais tarde, sobrevivendo à sua agressividade, dá a ele a sustentação necessária ao seu incipiente mas progressivo “fazer”. É esta a condição básica, sem a qual o real não adquire nenhum significado para o ser humano. E se não tem significado, poderíamos desde já inferir que talvez não possa ser simbolizado, representado e "usado" criativamente.

Do exemplo trazido por Furth, não temos elementos suficientes da história daquela criança para saber se ela "usava" o pedaço de madeira *criativamente*. A breve descrição de suas ações simbólicas indica que sim, mas não diz tudo, na medida em que retrata apenas a relação sujeito-objeto, deixando uma vez mais na sombra e no silêncio a relação "eu-outro". As contribuições de Winnicott no campo do desenvolvimento emocional infantil abrem uma *outra* possibilidade de interpretação sobre o brincar da criança, retirando-o da concretude das meras ações e operações cognitivas, exatamente por retirá-lo de uma espécie de isolamento, *como se* o desenvolvimento do indivíduo humano se desse de forma solitária e em consequência de uma tendência "natural" ou meramente "biológica" à sua constituição como ser separado, independente. Aprendemos com este autor que sem uma base de criatividade, fundada na relação humana entre *dois* seres, a ação de brincar pode ser apenas uma das formas de expressão da adesão submissa ao real. O mesmo não poderia ser dito daquele aluno que "responsavelmente" faz todas as tarefas que lhe são exigidas, mas que, em contrapartida, não extrai nenhuma satisfação ou proveito próprio ("uso") do ato de aprender?

Teria o percurso realizado até aqui nos conduzido de volta à superfície? Se entendermos por "superfície" o lugar onde se pode ver as coisas de forma clara e exatamente como elas são *na realidade*, diria que não. Pois a aventura do conhecimento é algo que sempre nos escapa, exatamente como aquele Coelho Branco! Talvez tenhamos percebido — e só isto já terá valido a pena — uma qualidade comum entre o brincar e o conhecer: a precariedade inerente a ambos. E esta precariedade tem a ver com o fato de que o brincar — como o conhecer — estão sempre a meio caminho entre os conteúdos da vida subjetiva (sonhos, fantasias, desejos) e a riqueza dos objetos oferecidos pela realidade exterior. Trata-se, na verdade, daquele mesmo paradoxo identificado no exemplo da brincadeira do automóvel na qual o objeto simbolizado (portanto, já objetivado) abre a possibilidade para a experiência imaginativa da criança, capaz, só agora, de retirá-lo da pura objetividade.

Por intermédio do brincar e do conhecer é possível reviver, em certo sentido, aquela experiência extremamente satisfatória de *ilusão* de que fala Winnicott. Só que de uma maneira muito mais sofisticada, na medida em que, agora, é possível *transitar*, de forma cada vez mais autônoma, entre a fantasia e a realidade. E não é exatamente isso que dá "graça" às brincadeiras de *faz de conta* ou às histórias cheias de *nonsense* como a de Alice? Por todo o seu potencial criativo e pela abertura que proporciona à exploração do real como um campo de possibilidades do viver e do conhecer é que podemos afirmar, sem medo de incorrer em erro, que brincar é coisa séria! Mas será que como adultos e, mais, na condição de educadores podemos também brincar como fazia Mr. Dodgson? Penso que vale a pena pensar um pouco mais sobre isso. Afinal, ele também era considerado um "chato" por muitos de seus alunos. Mas este é um outro capítulo da história.

II

Sobre brincar e ensinar

"Não encontrar seu caminho na grande cidade, isto não significa grande coisa. Mas extraviar-se em uma cidade como nos perdemos em uma floresta, demanda toda uma educação." (Walter Benjamin)

A localização do campo do fazer pedagógico

Darei continuidade à discussão do primeiro capítulo, retomando a questão deixada em aberto no final: será que na condição de educadores podemos "brincar"? Ou escola é lugar onde tais coisas definitivamente não têm lugar? Ensinar e aprender são, sem dúvida, coisas sérias. Muitos entendem até que são decisivas para o futuro do indivíduo, para a sua vida adulta. Compartilho até certo ponto dessa convicção. Mas a questão não é bem esta. A questão que nos ocupa, agora, diz respeito à possibilidade de conciliar, ou, se quisermos usar a terminologia de Winnicott, à possibilidade de *transitar* entre as exigências de ordem e disciplina impostas pela realidade e um tipo de vivência não tão linear, por vezes até mesmo meio caótica, como é o "brincar" de que tratamos até aqui. Já vimos, de certo modo, que isto é possível. Mas será possível ou adequado que isto aconteça *dentro* da escola? A questão assim formulada nos remete justamente para a especificidade do que acontece nesse cenário e, por isso mesmo, nos conduz a uma reflexão prévia sobre a escola enquanto território singular da experiência de ensinar-aprender. Meu ponto de partida pode parecer pouco ortodoxo, mas arrisco assim mesmo iniciar este debate discutindo as imagens descritas por certo autor para expressar sua compreensão sobre o cinema.

> No vidro do bar, de repente transformado em espelho, desenhou-se colorida e nítida a imagem do Sol de fim de tarde, círculo alaranjado, luz suave, contraste agradável sobre o fundo azul. Perdi o que conversávamos, fiquei de olho só na imagem, chamei a atenção do amigo para o colorido da vidraça. E olhamos em seguida diretamente para o Sol. Desilusão. Era um clarão indefinido, sem as nuances que podíamos ver na vidraça, que meio escura amortecia a claridade assim como o filtro fotográfico feito para quebrar o excesso de luz do dia. Pensamos de imediato, meu amigo e eu, a mesma coisa, talvez porque estivéssemos falando antes de cinema, e começamos uma frase que nem precisou ser pronunciada por inteiro, porque se fez ao mesmo tempo em nossas cabeças: o cinema é mais bonito que a realidade [...] Mas o que dá a dimensão da beleza é a rápida olhadela na direção da realidade. A beleza do reflexo vem exatamente do fato de ele ser um reflexo, de se referir sempre à realidade que espelha [...] de modo falho, como um espelho que distorce o real para

> compor uma reflexão como imagem distorcida, porque já é uma reflexão e não um simples registro da realidade [...] O cinema não é apenas um reflexo. Não é o Sol na vidraça do bar. Não é o filme na tela. Cinema mesmo é o que nem se vê. É o que se dá entre nós e a imagem na tela, é a reflexão mesmo, é o movimento, é a vontade de girar a cabeça do Sol na vidraça para o Sol de verdade (Avellar, 1986).

O que tais imagens sugerem sobre o que se passa na escola? Penso que tal como a vidraça do bar que reflete a imagem do Sol, a escola reflete de "modo falho" e ambíguo a realidade que espelha já "como imagem distorcida". Dito de outro modo, àquilo a que a escola se refere é relativo a uma *segunda* ordem da realidade, assim como o pensamento é segundo em relação à percepção obtida no contato sensível com as coisas. Pois é próprio da escola o referir-se a um *segundo* sentido, a um sentido já elaborado pelas ideias retiradas das impressões *sobre* o real. Vejamos como isto acontece no plano do tempo e do espaço vividos dentro da escola.

Tanto no tempo como no espaço, a escola existe como um parêntese da própria realidade, sem todavia deixar de fazer parte do cenário. Explicando melhor, o tempo vivido na escola, por professores e alunos, é apenas um fragmento do tempo indivisível da vida. Passam ali algumas horas de seus dias, alguns meses de seus anos, alguns anos de suas vidas. Sendo assim, esse tempo é vivido como períodos muito claramente demarcados pelo toque da campainha, pelo calendário letivo, pela extensão das grades curriculares definidas em horas/aula. Essa vivência do *tempo* na escola se associa à característica própria do *espaço* escolar como espaço diferenciado dos demais em que a vida acontece. Sua própria arquitetura — seja ela qual for — lhe empresta esse caráter singular, facilmente reconhecível como *o* ambiente especialmente preparado para abrigar e testemunhar um tipo bastante específico de atividade humana: o ensinar e o aprender sistematizados. Assim, o formato da escola — ou sua estética — ensina as regras e a dinâmica de seu funcionamento. Ensina também o que a distingue das experiências de contato direto com o mundo das coisas e dos fatos, isto é, ensina que o seu sentido é o de referir-se a um *segundo* sentido, sob a forma de símbolos, conceitos, regras, teorias, representações. Analisemos o que foi dito, tomando de empréstimo ainda as mesmas imagens.

A tentativa de olhar diretamente o Sol acusa a impossibilidade de se ver as coisas despregadas do *fundo* sobre o qual elas aparecem. Nosso conhecimento empírico é suficiente para demonstrar o que foi dito: a potência da luminosidade do Sol, suprimindo todo e qualquer contraste, inviabiliza a visão. É por isso que, no vidro do bar, amortecida sua claridade, é possível percebê-lo "com as suas nuances", sobre o "fundo azul". Esse *fundo*, na escola, nada mais é que o conjunto de conhecimentos acumulados historicamente, a que damos o nome de cultura. Por isso é legítimo afirmar que sua existência se deve, antes de mais nada, a um compromisso com a *tradição*.

A escola se institui, como se vê, para referir-se ao já instituído, ao já conhecido e acumulado historicamente sob forma de tradição cultural. Seus instrumentos são os símbolos, seu formato obedece a determinada organização hierárquica de funções e saberes. Estes são alguns de seus principais "ingredientes". Mas identificar os elementos que definem a sua *moldura*, bem como aqueles que constituem o seu *conteúdo*, não é suficiente para compreender a maneira pela qual a escola realiza o seu sentido mais genuíno: o de refletir, de "modo falho" e ambíguo, a realidade que espelha. Este sentido não se manifesta por meio do contato *direto* com as coisas, sejam as da natureza ou as da cultura, mas, sim, por meio da *fala* do professor, da *fala* dos alunos e da *fala* dos textos com os quais trabalham. Isto quer dizer que na escola esse contato é mediado pela *palavra*. Aqui, a palavra se interpõe entre os indivíduos e as coisas para atribuir-lhes significados e indicar determinado sentido do olhar. É, pois, a palavra que estabelece a *distância* entre "eu-mundo" para que seja possível pensá-lo. É exatamente esta distância que possibilita *ver* as coisas sobre o *fundo* em que aparecem. Como a vidraça do bar, a palavra *é* o próprio fundo sobre o qual tais saberes se constituem. Pensemos sobre exemplos mais concretos.

As aulas de História, por exemplo, não colocam o aprendiz em contato direto com os fatos do passado. Pois se o próprio tempo presente é vivido a partir de um certo lugar sempre precário, ambíguo e escorregadio — Winnicott diria *entre a subjetividade e a objetividade* —, o olhar sobre o passado também se dá sobre um *fundo* que acumula a distância do tempo, a perspectiva parcial de onde parte esse olhar e, ainda, da palavra já dita por outrem sobre o mesmo acontecimento. São estas condições que, de um lado, inviabilizam a apreensão segura e absoluta do real e, de outro, possibilitam um novo olhar sobre ele, fazendo com que apareça sob ângulos e com sentidos antes não vistos ou experimentados. Da mesma forma, a Geografia, as Ciências Naturais, os números e a própria língua, não são ensinados e aprendidos diretamente, mas sempre a *uma certa distância*. E não poderia ser diferente, pois a Geografia *não* é a fisionomia do espaço natural, mas a descrição desse espaço; as Ciências Naturais *não* são a natureza mesma, mas a descrição de certa perspectiva com que é vista pelo cientista; os números, uma linguagem simbólica criada para quantificar o mundo; e finalmente a língua, sendo ela mesma a distância — ao mesmo tempo que elo de ligação — entre um "eu" e o mundo, não é uma coisa "em si", mas a própria expressão dos *sentidos* que atribuímos ao real.

Essa *distância* entre o homem e seu mundo, representada pela linguagem, confere ao ato pedagógico um poder quase mágico. Por ele é possível *transitar* do presente ao passado e daquele ao futuro sem retroceder ou avançar efetivamente no tempo; "passear" por espaços nunca vistos sem sair do lugar; quantificar o inquantificável por meio da aventura dos números; virar os corpos do avesso, ver por dentro ou, ainda, ver o invisível com o auxílio da Biologia, da Química, da Física, da Filosofia. Numa palavra, é possível explorar, por vias indiretas — pelo pensamento, pela reflexão, pela imaginação —, não só o mundo real, mas também o virtual. Com isto quero dizer que o que se passa na escola não é o ensino e a aprendizagem de conhecimentos "pré-vistos" nos programas curriculares ou nos textos didáticos. Este é apenas o cenário de um *outro* texto: daquele que com certeza advirá do "uso" que cada indivíduo em particular fizer desses mesmos conhecimentos. A escola é, portanto, um lugar aberto, um espaço potencialmente transcendente. Ou, em outras palavras, um espaço de *criação*. A beleza do que se passa na escola — daí sua afinidade com a arte — vem do fato de que não é um "registro da realidade", mas lugar privilegiado de *trânsito* entre o real e seus múltiplos sentidos, entre a *tradição* e a *criação*.

As idas e vindas, os avanços e retrocessos da escola ao longo da História são sinais dessa sua dupla vocação. A grande dificuldade em lidar com ela reside no fato de que tais opostos são quase sempre vividos pelos educadores como se se tratasse de um impasse, quando na verdade não é. Não se trata de ter que fazer uma escolha entre o velho e o novo. Pois, se é verdade que a tradição pressupõe um momento de criação que necessariamente o antecede, não é menos verdade que a possibilidade de criar não se dá no vazio, mas se ancora, por sua vez, na tradição já existente. É que o conhecimento se constitui na própria tensão entre o velho e o novo, entre a tradição e a criação. Trata-se, isto sim, de um *paradoxo* próprio desta dupla vocação da escola.

Desse ponto de vista, a tradição é esse terreno escorregadio, também ele ambíguo, onde se sucedem os acontecimentos da História, leito de nossa existência. Sua ambiguidade é o que faz dela, simultaneamente, restrição e campo de possíveis, força que contrai ao mesmo tempo que estende os horizontes do mundo, solicitação equívoca de permanência e movimento. Movimento que é fruto das contradições que nos colocam, inapelavelmente, diante do imprevisível, do ainda não visto. É desta perspectiva, pois, que podemos pensar a *escola* como *espaço de trânsito entre a tradição e a criação*. Contudo, este *espaço* não é físico, embora ele seja o cenário, tampouco um espaço de tempo em que se desenrolam as atividades escolares. Trata-se, antes disso, de um espaço de possibilidades que se estabelece a dois: *entre* professor e aluno. É nele, e somente nele, que a tradição e a criação acontecem, pois se trata exatamente disso: de um *acontecimento.*[1] A tradição, enquanto conjunto de conhecimentos acumulados, catalogados, arquivados, expostos nas bibliotecas ou na lousa, não passa de relíquia embalsamada, sem o menor significado. No entanto, adquire vida, faz sentido, quando se eleva à condição de palavra significativa, tanto daquele que a enuncia quanto daquele que se põe à escuta. Para a criança que desconhece a escrita,[2] as letras não passam de sinais sem nenhuma correspondência com o seu mundo até que, no contato com aquele que ensina, percebe as relações entre os significantes e os significados. Abre-se, para ela, a partir daí, um universo de possibilidades. Participa, então, da tradição de uma cultura letrada à qual poderá acrescentar a sua própria palavra. A criação não é, portanto, o inédito, o absolutamente original, mas o resultado da oportunidade de imprimir, no já instituído, um *outro* sentido. A criação é, assim, "re-criação" de sentidos, inseparável dos conteúdos que a tradição nos deixa como herança. Ao re-anunciá-los, fazendo nossas suas palavras, reintroduzimos, criativamente, outros e novos significados ao já existente.

Como o cinema que não é "o filme na tela", o que a escola ensina não é o que está escrito na lousa. Também como ele, o que ela ensina "é o que nem se vê"; não é o que

1. A noção de *acontecimento* utilizada aqui se aproxima daquela utilizada por Heidegger para pensar a questão da "verdade" (*alétheia*). In: *A origem da obra de arte*, 1992.

2. Emilia Ferreiro e Ana Teberosky têm dado ricas contribuições à compreensão do processo de aquisição da leitura e da escrita pela criança. Inúmeros trabalhos sobre esse tema têm se tornado referência obrigatória para o professor-alfabetizador, em especial o trabalho *Psicogênese da língua escrita*. Todavia, a apropriação de tais suportes teóricos pelos professores será insuficiente se se desconsiderar o que acontece, durante essa aprendizagem, na relação entre eles e seus alunos.

se passa entre o aluno e um "objeto", e sim o que se passa *entre* dois sujeitos humanos — professor e aluno — na *sobreposição* de duas externalidades atravessadas pelo *desejo* de ensinar e pelo *desejo* de saber. A finalidade da escola se realiza se esta relação for capaz de ir além do que está escrito, de ir além do que foi dito, de pensar o impensado sugerido pelas "imagens" precárias que ela reflete.

Esta breve reflexão sobre a escola oferece algumas pistas interessantes para a definição do *campo do fazer pedagógico*. A primeira delas é que embora todo o seu esforço e preocupação estejam voltados para apresentação do mundo dos fatos e das coisas *objetivamente* percebidas, a precariedade inerente à relação dos indivíduos com o real inviabiliza a plena realização deste projeto. Porque as coisas "objetivamente percebidas" são sempre "subjetivamente concebidas", o conhecimento será também sempre precário, provisório. E isto porque é próprio de sua natureza escorregar para um ponto sempre mais além, inalcançável. Se, de um lado, essa verdadeira "teimosia" das coisas de constantemente escapar ao nosso controle gera um sentimento de frustração (parecido com o da criança pequena que "briga" com os objetos), de outro é exatamente sua natureza inconclusa que pode tornar essa atividade algo muito interessante. Assim é que se, ao final de determinado período letivo, o professor não ensinou ou o aluno não aprendeu "tudo", é porque um tanto disso é mesmo impossível. Teimosamente, a aprendizagem de algo ensinado hoje não obedece ao calendário escolar: às vezes faz sentido no ano seguinte, às vezes não faz sentido nunca, ainda que ao final de determinado tempo um diploma qualquer insista em dizer que sim. Disto decorre, então, que o fazer pedagógico se dá no *campo do possível*, e não no campo do controle mágico e onipotente a que muitas vezes damos o nome de *realidade*.

Uma segunda pista interessante é que se o conhecimento não se dá na relação direta *sujeito-objeto*, mas sempre a partir de um *fundo* representado pela palavra, é porque ele depende fundamentalmente da existência de uma relação humana "sujeito-sujeito" que lhe dê sustentação. É nesse sentido que as contribuições de Winnicott podem ser valiosas para a definição do "campo" do fazer pedagógico, pois retiram da sombra e do silêncio a importância da relação "eu-outro" — na escola, a "relação pedagógica" propriamente dita — na construção do conhecimento. E se o ensinar como o aprender não acontecem, como vimos acima, no território da pura objetividade (tampouco no território da pura subjetividade), é porque ele acontece na *sobreposição* de duas áreas intermediárias entre o interior e o exterior. Tomando de empréstimo o conceito daquele autor, o que estou sugerindo é que o campo do fazer pedagógico é exatamente o campo da *transicionalidade*, cujo objetivo último é o de "pavimentar" o caminho que vai do brincar à experiência cultural.

Acontece que esse campo não está dado por princípio. Precisa ser construído na relação "eu-outro". Pensando sobre a escola como espaço de *trânsito* entre a tradição e a criação, vimos que *potencialmente* ela é um lugar onde é possível viver experiências muito interessantes. No entanto, isto vai depender da *qualidade* da relação professor-aluno, isto é, se ambos forem capazes de construir um espaço de *encontro* onde o aprender e o ensinar aconteçam de modo significativo. Dito de um outro modo, vai depender, em grande parte, da capacidade que ambos tiverem de "brincar". Num estudo sobre o brincar e a atividade criativa, a certa altura Winnicott faz referência à natureza da relação terapêutica partindo do seguinte pressuposto: "parece-me válido o princípio geral de que a psicoterapia é efetuada na superposição de duas áreas lúdicas, a do paciente e a do terapeuta" (1975, p. 80). Mas, do ponto de vista do autor, isto não acontece por acaso: trata-se, antes, de uma condição, e uma condição fundamental para o sucesso do trabalho terapêutico. Daí a sua advertência: "Se o terapeuta não pode brincar, então ele não se adequa ao trabalho. Se é o paciente que não pode, então algo precisa ser feito para ajudá-lo a tornar-se capaz de brincar, após o que a psicoterapia pode começar."[3]

Por meio de um raciocínio análogo podemos pensar que se o professor e o aluno também não forem capazes de "brincar", não constituem um *espaço potencial* onde aconteceria uma verdadeira comunicação. Dirigida para o território da impessoalidade, a fala do professor tende a cair num vazio de sentido que a simples *atenção* e *memória* do aluno não conseguem captar. Mas o leitor já pode estar pensando que isto tudo é "muito teórico" e que "brincar" é coisa da hora do recreio, pois durante a aula é preciso manter certo estado de atenção e seriedade, sem o qual a aprendizagem não ocorre e o compromisso da escola com a tradição cultural vai por água abaixo. Neste ponto, serei obrigada a dar razão a esse hipotético interlocutor sem, contudo, desdizer o que até aqui já foi dito. Mas de que modo? Como se vê, retornamos ao ponto que deu origem à reflexão sobre o campo do fazer pedagógico: *será que como educadores podemos brincar*?

---

3. Winnicott (1975, p. 59) identifica a terapia com o próprio brincar. "É bom recordar que o brincar é por si mesmo uma terapia".

Professor: construtor e destruidor de ilusões!

Acredito que para encontrar a resposta a esta pergunta é bom, primeiro, retomar o sentido exato que está sendo dado a esta palavra. O valor da brincadeira como atividade específica — jogos simbólicos ou de regras — há muito já foi reconhecido como interessante e produtiva estratégia de ensino, especialmente na educação infantil. Mas, relembrando, não estamos tratando aqui do brincar como recurso pedagógico, nem como atividade dirigida a determinada faixa etária. Como o leitor já percebeu, estamos falando do brincar como algo que se aplica também aos adultos. E adultos não costumam brincar de *faz de conta* em sala de aula — a não ser, em alguns casos, em sentido metafórico! Sendo assim, e também como já foi dito no início, o brincar no contexto desta discussão está sendo pensado de forma ampla, isto é, muito mais como uma *qualidade* da experiência vivida pelo indivíduo na relação com os outros e com os objetos.

E que *qualidade* é esta? Isto também já foi dito, mas não é demais repetir: trata-se exatamente da precariedade inerente ao brincar. E "a precariedade da brincadeira", diz Winnicott (1975, p. 75), "está no fato de que ela se acha sempre na linha teórica existente entre o subjetivo e o que é objetivamente percebido". Isto quer dizer que o brincar não se define pelo seu conteúdo, mas pela sua *localização*. Explicando melhor, quer dizer que o brincar é uma atividade a que o indivíduo se entrega, *deixando-se levar* pela precariedade mesma da brincadeira que consiste em estar a meio caminho *entre* a magia e a realidade. Já vimos que é exatamente isso o que acontece nas brincadeiras de *faz de conta* das crianças pequenas, uma vez que elas sabem perfeitamente onde se encontra a fronteira entre a imaginação e o real. Mas o que dizer sobre o seu equivalente na experiência de crianças mais velhas, dos adolescentes e mesmo dos adultos? Pensar sobre isso ajudará a esclarecer ainda mais este conceito.

Para Winnicott, estava claro que "o que quer que se diga sobre o brincar de crianças aplica-se também aos adultos", acrescentando que neste caso o brincar "manifesta-se, por exemplo, na escolha das palavras, nas inflexões de voz e, na verdade, no senso de humor" (ibid., p. 61). Na tentativa de tornar ainda mais claro o seu pensamento e de estabelecer alguns vínculos entre o brincar infantil e a experiência cultural, Winnicott faz referência a um estudo de Marion Milner sobre a formação do símbolo, no qual esta autora relaciona "o brincar das crianças à concentração dos adultos" (apud Winnicott, 1975, p. 59). Um bom exemplo seria o estado de quase alheamento do mundo a nossa volta quando da leitura de um romance pelo qual somos transportados para o contexto da história e praticamente nos "esquecemos" do tempo e do espaço que nos circunda. A ideia aqui é que o brincar imaginativo, a criação de uma poesia ou a produção científica são formas diferentes de expressão de um gesto espontâneo pertencentes ao mesmo território lúdico, constituído originalmente na experiência de *ilusão* vivida entre mãe e bebê.

Se é assim, por que não poderíamos dizer o mesmo sobre a experiência pedagógica de ensinar-aprender dentro da escola? Um hipotético interlocutor poderia argumentar: "porque na escola, no momento da aula, o que está em jogo é a aprendizagem de algo que pertence ao campo da objetividade, isto é, da realidade como algo que está 'fora' do aluno e também 'fora' do professor. Não há aqui nenhuma dúvida:

dois mais dois é igual a quatro, e isto o professor *precisa* ensinar e o aluno *tem* que aprender independentemente de suas vivências subjetivas! E mais: para que isso ocorra é preciso que o ambiente pedagógico esteja sob controle, que existam ordem e disciplina". Correto! Mas uma vez que estamos falando do brincar não como atividade, mas muito mais como uma *qualidade* da experiência, poderíamos reformular a pergunta: em que sentido o "brincar" se opõe à ordem e à disciplina necessárias ao aprender? Penso que se conseguirmos uma resposta satisfatória, teremos descoberto a chave daquela outra pergunta que deu origem a este capítulo.

Poderemos rastrear essa resposta ainda com o auxílio de Winnicott, mas nesta altura será preciso pensar o cenário pedagógico e tudo que nele está envolvido a partir do lugar e do ponto de vista do educador. E, deste lugar, temos clareza de que o papel da escola é proporcionar aquelas condições que possibilitem ao aluno a apropriação e re-criação de conhecimentos. Ou ainda, de habilitá-lo a fazer a ponte (transitar) entre a tradição cultural herdada e sua potencial capacidade de contribuir criativamente com ela. Pois bem, se este é o alvo, o ponto de chegada, isto significa que a tarefa da educação se identifica sobretudo com a *segunda* tarefa da "mãe suficientemente boa" do bebê winnicottiano, ou seja, a tarefa da *desilusão*! De acordo com aquele movimento *progressivo* do desenvolvimento humano, a criança que entra na escola na idade de aprender a ler, escrever e contar, terá que *paulatinamente* abdicar do prazer proporcionado pela "ausência de regras", típico dos jogos simbólicos, e ampliar ainda mais sua capacidade de lidar com a frustração.

Um estudo de Irene Caspari, também inspirado em algumas contribuições de Winnicott aplicadas ao campo da educação, diz o seguinte: "a aprendizagem poderia ser vista como um estágio posterior do brincar compartilhado, mas com uma exigência muito maior da criança em levar em conta a realidade externa" (1987, p. 92). Esta autora explicita aqui a *diferença* fundamental entre o brincar típico da criança e o aprender: o de que este último implica um maior compromisso com a realidade objetiva e a consequente necessidade de ampliação da capacidade do indivíduo de adiar a satisfação dos seus desejos. Em outras palavras, se neste estágio já há, de um lado, um sujeito ativo no processo de conhecimento, de outro, é esta mesma condição de sujeito que o obriga a submeter-se ou a *sujeitar-se*,[4] num certo sentido, às exigências impostas pelos objetos a serem conhecidos. Este é um processo lento, doloroso, mas inevitável. Não é por outro motivo que as tarefas da escola e o aprender se tornam, em muitos momentos, atividades muito sem graça!

Acontece que não há como escapar totalmente dessa "chatice"! Lembre-se de que nem mesmo Mr. Dodgson, com toda a sua vocação lúdica, escapou das críticas de seus alunos! A esse respeito gostaria de fazer um comentário a favor dos professores que, com frequência, têm sido alvo de ataque daqueles que insistem na sua responsabilidade em transformar a sala de aula num lugar "agradável" e de "prazer" para os alunos. Tais "críticas", que por seu caráter acusatório revelam já a arrogância dos que se reservam o direito de julgar, se pautam numa visão romântica e até mesmo ingênua, eu diria, sobre o papel do educador. Como se o sucesso do que se passa na escola dependesse exclu-

4. A ideia de "sujeição" do sujeito foi desenvolvida também por Sara Paín, 1995.

sivamente da boa vontade da pessoa do professor e de sua postura "democrática" em sala de aula, o que muitas vezes não passa de uma atitude apenas demagógica que nada tem a ver com educação. Pois educar significa, sim, opor certa resistência, dizer "não", definir limites, frustrar ou, numa palavra, *desiludir*.

E porque, na escola, a relação dos educandos com os objetos de conhecimento não é uma relação *direta*, mas mediada pela palavra do mestre, isto significa que o lugar do professor se identifica com um lugar que passa a ser alvo preferencial da agressividade dos alunos, na medida em que estes últimos tendem a ver naquele a "causa" da resistência imposta, em última análise, pela própria realidade. Voltarei a este assunto posteriormente. Por ora, gostaria ainda de mencionar um comentário de um certo professor — muito importante em minha trajetória profissional como educadora — que costumava dizer aos alunos que "saber é muito gostoso, mas estudar tem gosto de rolha". Ainda que não seja um item muito usual em nossos cardápios, sabemos bem a que este gosto se refere: ao gosto amargo do peso da rotina, de certo esforço e disciplina inerentes ao aprender, ao desconforto de abrir mão da satisfação imediata de nossos impulsos, necessidades e desejos. Note-se, porém, que não se trata de abrir mão *do* prazer, e sim de *adiá-lo*. Isto equivale a dizer que o conhecimento é o corolário de um exercício contínuo e progressivo de diferenciação, de reconhecimento das fronteiras entre o "eu" e o "não-eu" de que só nos tornamos conscientes pela vivência alternada dos sentimentos de falta e plenitude.

A argumentação construída até aqui nos ajudou a estabelecer a *diferença* fundamental entre as atividades ligadas ao brincar e ao aprender. Mas ainda não respondemos a nossa pergunta: é possível brincar na escola, mesmo quando nossos alunos há muito se desinteressaram pelas brincadeiras de *faz de conta*? Se tomarmos essa diferença como uma *oposição*, a resposta já está dada, e é não. Contudo, a ideia de *alternância*, apontada acima, nos conduz a uma outra possibilidade que merece ser mais bem explorada. Trata-se de poder observar não uma oposição, mas uma *complementaridade* entre esses termos. Por esta via, será preciso retirar temporariamente de foco o movimento progressivo de diferenciação para iluminar o que ocorre, simultaneamente, no movimento *pendular* entre a subjetividade e a objetividade. E aqui o que acontece diz respeito àquele *paradoxo* de que falava Winnicott e que também identificamos no brincar da criança do exemplo emprestado de Furth. É nesse espaço paradoxal da experiência que os objetos são a um só tempo *criados* pelo sujeito e apresentados por alguém do exterior. Trata-se de um encontro criativo *entre* os elementos da subjetividade e aqueles pertencentes à externalidade do sujeito.

Já vimos que este acontecimento é análogo à experiência de *ilusão* vivida, originalmente, na relação mãe-bebê, cuja condição fundamental é a existência de um estado de *confiabilidade*. Mas, afinal de contas, o que define este estado de confiabilidade e o que ele permite? Em linguagem comum, não seria errado afirmar que a confiabilidade se define por um estado em que o indivíduo não se sente ameaçado pela invasão do outro, de que seu gesto será aceito e acolhido como legítimo e bem-vindo. Neste estado,[5] o que

5. A este "estado" análogo à vivência das brincadeiras infantis, Winnicott chamou de "amorfia", o que significa ausência de formas logicamente definidas. Sobre isso ver o artigo "O brincar, a atividade criativa e a busca do eu (*self*)" (1975).

está por princípio garantido é a liberdade de manifestação do sujeito, não importando se tal manifestação é, do ponto de vista do observador externo, ilógica, absurda ou caótica. Todos sabemos o quanto as crianças levam a sério as brincadeiras às quais se entregam, lançando mão de suas fantasias. Nesses momentos, qualquer exigência de lógica e coerência manifestada pelo simples riso de um observador é tomada, pela criança que brinca, como um profundo desrespeito, uma verdadeira invasão que põe fim à brincadeira. Em alguns casos, põe fim à própria capacidade de brincar!

Em sala de aula — e de novo, independentemente da faixa etária dos alunos —, esse estado, análogo ao do clima das brincadeiras, se manifesta muitas vezes na formulação aparentemente absurda de determinadas perguntas dirigidas ao professor durante a exposição de um conteúdo. O aparente "absurdo" fica por conta de conexões não muito claras a um observador externo, mas que, certamente, fazem parte de uma rede de associações internas que levou o aluno à construção de determinado raciocínio. Da mesma forma, um comentário casual ou irônico, na forma de "brincadeira", pode ser a expressão — consciente ou não — de algum grau de elaboração sobre o assunto em pauta. Há duas formas de "receber" o absurdo vindo dos alunos: acolhendo-os ou rechaçando-os. A dificuldade em "acolhê-los" passa basicamente por dois pontos. O primeiro deles é que, devido ao "absurdo" de certos comentários ou dúvidas, em vez de fazer o caminho de "desconstrução" do pensamento do aluno para compreender os seus nexos causais — e, enfim, conhecer a sintaxe de seu raciocínio —, muitos professores optam por um caminho mais "econômico", que é o de solicitar que aguarde "a próxima explicação". Um segundo aspecto desta questão é que, como seres humanos que somos, muitas vezes uma pergunta "absurda" soa-nos como provocação, desrespeito ou mero descaso e, por isso mesmo, acaba por ser desprezada de alguma maneira.

Em muitos casos, sabemos que esse desprezo vem acompanhado de certo grau de agressividade por parte do professor. Em outros, apenas pela indiferença ou por um mero descuido. Muitas vezes isso que estamos chamando de "invasão" não vem do professor, mas dos colegas que, sem nenhum constrangimento, colocam o "perguntador" na desconfortável posição de ridículo ou, o que é pior, na de ignorante ou "burro". Seja como for, o acúmulo de experiências negativas dessa natureza acarretam, não raro, uma inibição, e o que poderia ser uma troca interessante de ideias, impressões, pontos de vista e experiências acaba por transformar o momento da aula num monótono, cansativo e estéril monólogo. Mas se, em contraste, existir uma atmosfera de receptividade e acolhimento entre professores e alunos, uma autêntica comunicação se torna possível. Comunicação capaz de realizar o *trânsito* entre o "não saber" e o "saber", entre o ensinar e o aprender, entre a tradição e a criação.

Pois se o ato de ensinar pressupõe uma correspondente capacidade de aprender, o que aí está implícito é que o aluno é capaz de conceber subjetivamente — com o auxílio de sua atividade cognitiva e a partir e de dentro de sua realidade existencial — uma ideia que dá sentido ao que lhe é apresentado do exterior. Mas, tal como a mãe que oferece o seio ao bebê exatamente ali onde ele seria capaz de concebê-lo, não se trata de um intercâmbio, mas de um verdadeiro *diálogo* que decorre da sobreposição de duas áreas lúdicas, envolvidas no processo criativo. A localização da palavra do educador, exatamente onde o educando a "inventaria", dá a este último a oportunidade da experiência da *ilusão* de criar, sem a qual não pode estabelecer um contato significativo com o mundo. É sobre isso que está falando um certo filósofo que, pelo que se sabe, não conheceu Winnicott:

> O mestre não pode simplesmente depositar um certo número de conhecimentos já adquiridos (...) mas deve transmitir o já adquirido a partir da situação existencial do discípulo e de maneira tal que sua *revelação* criadora chegue a *confundir-se* com a própria *invenção* problematizadora do educando (grifos meus). (Dussel, 1977a, p. 133)

Assim, ao lado da indiscutível tarefa da "desilusão", ao educador compete também proporcionar ao educando a oportunidade de viver a experiência da *ilusão* de *criar* o que lhe foi *apresentado* a partir do exterior. É esta experiência paradoxal que permite ao aluno reivindicar a autoria do que foi aprendido ou, em outras palavras, é o que lhe permite *apropriar-se* criativamente do conhecimento. Mas para que possa cumprir bem esta tarefa, será preciso que o educador também possa adiar a satisfação de suas expectativas em relação à aprendizagem do aluno; que saiba lidar com o "erro" e o "absurdo" de modo não retaliativo; ou, ainda, será preciso que ele possa conviver, durante certo tempo, com certa *des*-ordem e aguardar até que o "não saber" se converta em algum "saber".

Esse tempo — que poderíamos muito bem chamar de "tempo potencial" — é o tempo oportuno de viverem juntos uma experiência humana de suspensão provisória da linearidade inerente ao rigor da lógica. É quando podem, então, simplesmente "brincar" com as ideias, conjecturar sem aquele compromisso com a precisão absoluta do conhecimento, formular hipóteses sobre o real a partir de suas próprias experiências e impressões, inventar, investigar, tentar descobrir algo novo. Enfim, abrir-se àquela aventura pedagógica de que a escola é um palco potencialmente criativo, se puder dispensar, temporariamente, a exigência de ordem e disciplina absolutas. Se a vivência deste estado não fosse de algum modo necessária à produção organizada, que sentido teria a seguinte afirmação vinda de ninguém menos do que Einstein?

> Enganam-se aqueles que tentam explicar as conquistas do cientista por uma força de vontade e uma disciplina excepcionais. [...] O estado afetivo que condiciona semelhantes proezas mais se assemelha ao estado de alma dos religiosos ou dos amantes (1981, p. 140-1),

estado que as crianças conhecem muito bem através do "brincar". Mas como o "brincar" não é da mesma natureza do "aprender", a informalidade desse livre jogo do pensamento — e da intuição inerente à investigação e às descobertas — tem também certo limite. Como na história de Alice, logo será necessário procurar o caminho de volta à superfície, numa espécie de resgate, agora mais bem elaborado, do percurso propiciado pelo jogo. É o momento em que o indivíduo reconstrói, com a ajuda do mestre, a trajetória que o conduziu a um saber. A explicitação da lógica deste saber é o conteúdo escolar propriamente dito, com suas regras, conceitos, teorias. Na linguagem dos alunos, a "chatice" característica da escola! Mas que, curiosamente, dada sua importância e centralidade para a formação integral dos alunos, apesar de todas as críticas, não encontrou ainda nenhum outro substituto.

Teríamos, com isso, respondido nossa pergunta? Diria que apenas em parte. Pois se os argumentos construídos até agora nos indicam que o brincar e o aprender, embora diferentes, não são opostos, e que na escola há lugar para um e outro, isto nos oferece apenas uma dimensão dessa possibilidade, que poderia ser traduzida na seguinte afirmação. Sim, a escola é um lugar onde também se *pode* (no sentido de que cabe ou é "permitido") brincar. O que ainda não sabemos é até que ponto o professor-educador, carregando todo o peso da imagem de "seriedade" associada ao seu "fazer", se *permite* brincar. Esta é uma outra dimensão da ideia de "possibilidade". Uma dimensão sem dúvida muito mais complexa, pois nela o seu "fazer" não se destaca de seu "ser". Deixemos isto para o próximo item.

Quando o "fazer" encontra o "ser": uma *outra* qualidade do ato educativo

Dentre os diversos fazeres humanos, talvez seja o trabalho aquele com o qual as pessoas se ocupam a maior parte do tempo. Dele depende, para a maioria, não só a sobrevivência física e material, mas também a sobrevivência pessoal. Pois é pelo trabalho que, de certa forma, nos definimos. Talvez por isso mesmo quando alguém pergunta "quem somos", respondemos dizendo "o que fazemos". Ou quando os adultos procuram antecipar o futuro profissional da criança, invariavelmente perguntam: "o que você vair *ser* quando crescer?". Estes fatos, por si só, são indicativos de que o "fazer" mantém um alto grau de intimidade com o "ser", com o ser que nós "somos". Num primeiro momento poderíamos dizer que essa "intimidade" é muito positiva e desejável, na medida em que revela uma afinidade intrínseca entre o que somos e o que fazemos, de tal modo que imprimimos em nosso "fazer" profissional um estilo próprio, original, intransferível, e por meio dele nos *re*-conhecemos.

Mas, e sempre tem um *mas*..., esta intimidade nem sempre é expressão da autenticidade da relação "ser-fazer". Quero dizer com isso que nesta intimidade se esconde, muitas vezes, uma armadilha cuja *função* é justamente a de ocultar o "ser" ou aquelas características que poderíamos afirmar como as mais genuínas de nós mesmos. Localizá-la pressupõe um difícil e penoso exercício de autoconhecimento que inclui a explicitação da trama que conduziu à escolha deste "fazer" e não de outro. E tendo sido feita a escolha, compreender as razões pelas quais foi se instituindo, no próprio exercício profissional, determinado estilo de "fazer" este "fazer". Trata-se, a rigor, de descobrir os motivos que deram origem a esse casamento entre um "eu" e um "não-eu", pois os "fazeres" e seus estilos próprios já estão, em certa medida, definidos socialmente.

A opção por uma carreira profissional é sempre uma confrontação dessa natureza. E é por isso mesmo que os jovens, dada sua imaturidade, se veem quase sempre numa difícil situação, porque intuitivamente *sabem* que esta escolha representa certo grau de alienação de si próprios aos limites dados pela carreira à qual estão se lançando. É certo que quando se é jovem há sempre a possibilidade de voltar, reconsiderar, retomar. Mas é certo também que chegada a hora de uma definição mais duradoura, o mesmo confronto estará de novo colocado, pois optar por um caminho significa, em contrapartida, abrir mão das outras possibilidades. Este é um assunto sério, pois o que está em jogo é o que a pessoa vai "fazer" de seu "ser" daí em diante e, por pressuposto, ao longo de toda uma vida. O curioso é que o grau de alienação no tratamento dessa questão chegou a tal ponto na sociedade contemporânea que a maioria acha muito "natural" adotar o critério de "mercado", deslocando totalmente para "fora" — para o "fazer" — uma decisão que pertence, por excelência, ao âmbito do "ser".

Um hipotético leitor poderia, a esta altura, dizer que esta é no mínimo uma discussão "pequeno-burguesa", que nem de longe se coloca para os jovens das "classes populares", por exemplo. Certo e errado. Errado porque não se trata de uma questão de classe social, mas de uma questão humana. Certo porque de fato vivemos contrastes sociais e econômicos tão gritantes que, para muitos, a questão do "ser" é um luxo tão grande quanto decidir sobre a "cor" do carro zero a que só têm acesso pelos comerciais de televisão. Mas o que dizer daqueles que, tendo vencido ao menos em parte as barreiras de classe, chegam aos bancos da universidade? E temos que admitir que estes representam um número cada vez maior! Sem entrar no mérito da discussão sobre a "qualidade" das escolas que ano após ano engordam cada vez mais suas listas de matrícula, o fato é que algo empurra esses alunos para um "fazer" que, na maioria dos casos, está completamente dissociado daquilo que eles "são".

Como professora de cursos de Pedagogia e Licenciatura, não perco nunca a oportunidade de perguntar aos alunos por que eles querem *ser* professores. Duas são as respostas que encontro, na esmagadora maioria dos casos: ou porque pretendem "abrir uma escolinha" — e até aí nada foi dito sobre a diferença entre uma escola e, por exemplo, uma academia de ginástica ou uma floricultura —, ou então a velha explicação que de tão conhecida já virou lugar-comum: "porque sempre gostei de crianças!". Gostaria de ser bem compreendida: não há nesse comentário nenhum julgamento de valor. Tampouco se trata de uma crítica, pois estas costumam esgotar-se em si mesmas e têm pouco valor pedagógico. A questão é um pouco diferente. A questão é que depois de certo período de convivência com os alunos, tais "explicações" se revelam não apenas inconsistentes, mas insuficientes para justificar uma escolha que, afinal de contas, é muito séria e que, na condição de educadores de futuros educadores, não podemos simplesmente ignorar. E não se pode ignorar porque, para além do compromisso com os alunos, existe um compromisso com a própria educação, que não se reduz absolutamente — ou não deveria se reduzir — à administração de um "negócio" ou ao "cuidado de crianças".

Deixando de lado as razões que fazem da "educação" um "bom negócio", gostaria de me deter um pouco sobre as motivações que muito frequentemente estão na raiz da segunda "justificativa". Este "sempre gostei de crianças" com frequência vem acompanhado de uma segunda explicação que se reporta às brincadeiras infantis. E quem nunca brincou de escolinha? E quem, nessa brincadeira, nunca disputou o lugar do professor? Importa saber o que há de tão interessante nesse lugar. Não é difícil deduzir: o lugar do professor é um lugar de destaque, de diferenciação, além, é claro, de ser um lugar de poder. Em relação a ele são lançados olhares de admiração, quase de encantamento pelas qualidades sobre-humanas que essa figura representa. No imaginário dos alunos, o professor *é* o próprio saber, suas ações materializam *a* justiça, suas ponderações o que define *a* diferença entre o certo e o errado, o bem e o mal, e por tudo isso sua palavra, dotada de uma eloquência e força invejáveis, é aguardada como manifestação *da* verdade. Sua vontade, portanto, *é* lei.

Alguém poderia objetar que isso é coisa de criança e que esta não é a opinião dos alunos adultos sobre seus professores. Concordo. Mas se é certo que alunos adultos dispõem de uma série de recursos que lhes asseguram o poder de crítica — e cada vez mais isso também é atributo das crianças —, também é certo que, no limite, uma "aura" protetora envolve a imagem do professor, funcionando como uma espécie de garantia de sua invulnerabilidade. E isto está dado pelo lugar que ele ocupa. Contudo, aqueles que são professores e conhecem *de dentro* a vivência singular de estar nesse lugar, sabem que as coisas não são bem assim. Na verdade, não é nada fácil sustentar o peso da expectativa dos alunos. Do ponto de vista do professor, o seu lugar é solitário e de muita ameaça. Afinal, no enquadre da sala de aula, lá está ele sozinho na frente de dezenas de pares de olhos que por nenhum instante deixam de segui-lo, espreitando cada gesto seu, analisando e avaliando cada palavra, cada expressão, constantemente testando a extensão de seu saber e a consistência de sua autoridade. Uma vacilada e todo um castelo de construções imaginativas vai por água abaixo.

E um professor não pode deixar que isso aconteça! Não sem que se desfaça uma espécie de acordo tácito pelo qual cumpre o seu papel na exata medida em que responde ao que dele esperam seus alunos: que não seja um igual, que se mantenha diferenciado, pelo menos enquanto durar a tarefa educativa! Aqueles que combatem a ideia de assimetria entre professor e aluno talvez nunca tenham tido um verdadeiro mestre ou apenas se dedicam a uma inconsequente demagogia. Mas de onde vem essa imagem imaculada construída em torno do mestre e que, no limite — todos sabemos —, é apenas uma ilusão? Sugiro que ela nasce do primeiro contato e do impacto da primeira experiência com o ambiente escolar. Lembrando que em determinado momento da vida de toda criança ela descobre que "os pais não são infalíveis", George Gudsdorf observa o importante papel do professor primário:

> [Ele] intervém, no início da vida, substituindo o pai e a mãe na função principal de testemunho e indicador da Verdade, do Bem e do Belo. Cabe-lhe servir de refúgio a todas as esperanças traídas: sobre ele repousam a ordem do mundo e a ordem do homem. Digno ou indigno, queira ele ou não, o professor primário, no mais modesto escalão do ensino, desfruta de uma autoridade espiritual que nenhum dos que lhe sucederão no cumprimento da função educativa junto da criança ou do adolescente irá possuir. [...] A relação mestre-discípulo surge-nos, pois, como uma dimensão fundamental do mundo humano (1987, p. 2-3).

E ninguém que tenha sido tão marcante assim em nossa história sai do circuito da memória impunemente. É possível que com o passar do tempo o indivíduo se dê conta de que a *pessoa* encarnada pelo primeiro mestre não passou de um ilustre desconhecido. Mas isso faz pouca diferença, pois, no início, a criança não se relaciona com a *pessoa* do professor da mesma forma que precisará de muito tempo até que reconheça a *pessoa* de seus pais. Tal reconhecimento depende de um longo processo de "destruição" das idealizações construídas subjetivamente, quando só então as *pessoas* ganham "realidade". No caso do primeiro mestre, devido à transitoriedade de sua participação na vida do indivíduo, o que fica para sempre é uma imagem, muito menos associada à sua pessoa do que ao seu lugar. E esta imagem sintetiza, vamos dizer assim, todas aquelas qualidades esperadas do futuro educador:

> Espera-se dele a saúde e a força de um germano, a sagacidade de um Lessing, o ânimo de um Hebel, a animação de um Pestalozzi, a verdade de um Tillich, a eloquência de um Salzmann, o conhecimento de um Leibniz, a sabedoria de um Sócrates e o amor de Jesus Cristo (Apud Campos, 1985, p. 63).

Diante de tamanha expectativa, uma pergunta decorre naturalmente: como *ser* tudo isso? Para tanto, seria necessário fazer um esforço *sobre*-humano! Como a expressão por si só sugere, um esforço que ultrapassa os limites e possibilidades verdadeiramente humanas. Diria que é exatamente aqui que começa uma história de ruptura, de distanciamento ou, para usar um termo mais preciso, uma história de *dissociação* entre o "ser" e o "fazer" do professor. Pois para atender a essa "exigência" — e muitos se dedicam ao longo de toda uma vida de trabalho à tentativa de atendê-la — será preciso, de certa forma, renunciar ao seu próprio "ser" para tentar "fazer como" aquele ou aqueles que lhes serviram de modelo. É sobre esse terreno de raízes frágeis que se constrói uma prática docente caricatural, marcada por procedimentos estereotipados, rica em apelos a uma pseudoautoridade sustentada quase que exclusivamente na ordem e na disciplina. Ao longo dos anos, muitos se tornam especialmente hábeis na prática de ocultar-se e evadir-se do cenário pedagógico, de modo que toda a cena é ocupada por um "fazer" frenético, quase compulsivo, contra o relógio, os programas curriculares e o calendário escolar. É que há muito a ser *feito*!

E de fato há. Seria puro romantismo atribuir às tarefas e compromissos escolares uma importância secundária. Afinal, o que é que alunos e professores vão fazer na escola? Ninguém colocaria esta resposta em dúvida: aprender e ensinar, respectivamente! Acontece que este é apenas um pretexto, e um pretexto necessário, para o que de fato importa na escola. Estabelecer essa diferença significa demarcar uma distinção importante entre o ensino e a educação. Por intermédio do ensino, um professor coloca à disposição de seus alunos um conjunto de saberes e habilidades que lhe serão úteis, ou não, como ferramentas de seu *poder-ser*, a partir das possibilidades que se abrem com a ampliação do universo cultural. Cada desafio representado pelos exercícios, trabalhos e exames escolares — ou, numa palavra dita por um hipotético aluno, a "chatice" da escola — representam a oportunidade de encontro e confronto com seus próprios limites e possibilidades ou, ainda, com o seu próprio "ser". O ensino é, pois, o *meio* pelo qual a educação se realiza como um constante processo de encarregar-se de si mesmo.

> Tudo o que [a criança] aprende do exterior ainda é algo que aprende de si mesma. Qualquer ensino recebido inscreve-se

> na perspectiva de certas possibilidades que exprime ou de certas impossibilidades que desmascara. [...] a menor lição, o mais simples exercício constituem como que um questionamento à personalidade no seu conjunto. (Gusdorf, 1987, p. 81)

Estabelecida a diferença entre ensino e educação, poderíamos dizer que todos os professores ensinam, a despeito do quanto dominam ou não o conteúdo de sua especialidade. Muitos contam com a experiência, outros são especialmente hábeis no manejo de certas técnicas e recursos materiais; outros, ainda, desenvolveram com mestria o exercício da oratória, com o que impressionam muito bem. Todos, bem ou mal, de uma maneira ou de outra, vão cumprindo, assim, sua função institucional. Mas nem todos os professores de fato educam. Sobre a distância abismal existente entre professores e educadores, não conheço reflexão mais sensível e acurada do que a de Rubem Alves (1982) sintetizada na analogia feita com os "eucaliptos" e "jequitibás". Portanto, não vejo em que estaria contribuindo em apenas reiterar e demarcar ainda mais essa distância. Penso que um passo adiante talvez possa ser dado se conseguirmos identificar aquilo que faz essa diferença. Por isso, o tratamento desse assunto não pode ser feito a partir de uma distinção prévia entre "nós" (educadores) e "eles" (os professores). Somos todos, sem exceção, parte interessada na exata medida em que o peso daquela expectativa de que falávamos há pouco e os conflitos humanos dela resultantes recaem sobre *todos* que ocupam esse lugar idealizado das salas de aula.

Pensando sobre as expectativas do "outro" — mesmo quando este "outro" se confunde com um anônimo imaginário social — e sobre as razões que levam um indivíduo a sentir a *necessidade* de atender a essas mesmas expectativas, gostaria de retomar aqui algumas contribuições do psicanalista inglês Donald Winnicott. O leitor deve estar lembrado que para este autor, de acordo com o movimento *progressivo* de desenvolvimento da criança, primeiro vem o "ser" (vivido num estado de dependência absoluta e de indiferenciação com a mãe) e só depois o "fazer" (ação da criança sobre os objetos já percebidos como "não-eu"). Além disso, que essa sequência acontece se houver, no início, uma "mãe suficientemente boa", capaz de se identificar com o seu bebê, de reconhecer sua existência, e de não invadi-lo com os seus próprios humores e expectativas. Nestas condições, o bebê pode "ser". O leitor também deverá estar lembrado que a "mãe suficientemente boa" de Winnicott não é, por causa disso, perfeita, mas uma mãe humana. Em diferentes escritos, inclusive, Winnicott fez questão de ressaltar que nenhuma técnica ou habilidade intelectual é requerida para que uma mãe possa realizar a sua tarefa. Em outras palavras, ser capaz de proporcionar uma provisão ambiental "suficientemente boa" não depende de um saber "fazer", mas que essa mãe seja capaz de simplesmente "ser". Esta ideia está sintetizada no seguinte raciocínio:

> Ou a mãe possui um seio que *é*, de maneira que o bebê também possa *ser* [...] ou então a mãe é incapaz de efetuar essa contribuição, caso em que o bebê tem de se desenvolver sem a capacidade de ser, ou com uma capacidade mutilada de ser. (Winnicott, 1975, p. 175)

Neste caso, o bebê é obrigado a reagir às ameaças que colocam em risco o núcleo de seu ser autêntico. Desenvolve-se, a partir daí, como já vimos no capítulo anterior, *com o auxílio de uma mente dissociada* do "eu" (*self*), uma série de mecanismos de defesa responsáveis pela organização de um falso *self*. Isso porque "ao invés de 'ser como', esse bebê tem de 'fazer como', ou ser-lhe feito, o que, do nosso ponto de vista, aqui constitui a mesma coisa" (ibid., p. 117). É sabido que para Winnicott existe uma íntima relação entre as experiências primitivas do bebê e o viver criativo, mas a leitura atenta do trecho abaixo sugere também que as experiências intrusivas podem ter origem numa etapa bem posterior da vida de um indivíduo, na relação com um outro que não a mãe. "Muitos indivíduos experimentaram suficientemente o viver criativo para reconhecer, de maneira tantalizante, a forma não criativa pela qual estão vivendo, como se estivessem presos à criatividade de outrem, ou de uma máquina" (ibid., p. 95). Sem contrariar a tese central do autor sobre a importância de um início suficientemente bom na relação com a mãe, o que este comentário faz pensar é que as experiências posteriores da vida do indivíduo também cumprem um papel fundamental na ampliação de sua capacidade criativa e de viver criativamente. Se assim é, o que teríamos a dizer sobre o papel da escola? Proponho que pensemos sobre isso a partir de uma história de autoria de Helen E. Buckley, conhecida por muitos nos meios educacionais.

> Era uma vez um menininho bastante pequeno, que contrastava com a escola bastante grande. [...] Uma manhã, a professora disse:
>
> — Hoje nós vamos fazer um desenho.
>
> Que bom!, pensou o menininho. Ele adorava desenhar leões, tigres, vacas etc. Pegou a caixa de lápis de cor e começou a desenhar. A professora então disse:
>
> — Esperem... nós iremos desenhar flores!

> Começou a desenhar bonitas flores com lápis rosa, laranja, azul. Mas a professora disse:
>
> — Esperem... vou mostrar como fazer. — E a flor era vermelha com o caule verde. Assim, disse a professora, agora vocês podem começar. O menininho olhou para a flor da professora, então olhou para a sua flor. Gostou muito da sua flor, mas não podia dizer isso... virou o papel e desenhou igual à da professora. Era vermelha com caule verde [...] Então, aconteceu que o menininho teve que mudar de escola. Esta escola era ainda maior que a primeira. Um dia a professora disse:
>
> — Hoje nós vamos fazer um desenho!
>
> 'Que bom!', pensou o menininho, e esperou que a professora dissesse o que fazer. Ela não disse, apenas andava pela sala, quando veio até o menininho e falou:
>
> — Você não quer desenhar?
>
> — Sim, o que é que vamos fazer?
>
> — Eu não sei até que você o faça!
>
> — Como eu posso fazê-lo?
>
> — Da maneira que você gostar!
>
> — E de que cor?
>
> — Se todo mundo fizer o mesmo desenho e usar as mesmas cores, como eu posso saber qual o desenho de cada um?
>
> — Eu não sei! — E começou a desenhar uma flor vermelha com o caule verde...

Esta história faz pensar sobre a importância da escola como o primeiro ambiente fora do âmbito familiar, que tanto recepciona como coloca o futuro adulto na esfera das relações sociais. Faz pensar também, e por isso mesmo, que as primeiras experiências vividas no seu interior serão decisivas para a construção do seu modo de se colocar no mundo, nas relações com o outro e, considerando a escola como espaço privilegiado da cultura, diante do conhecimento e do ato criativo. Faz pensar, enfim, sobre a importância de um início "suficientemente bom" nesta nova etapa da vida da criança, representada pelo seu ingresso no mundo institucionalizado da cultura e saber humanos. No entanto, a história do menininho relata um tipo de relação professor-aluno correspondente àquilo que Winnicott descreveu como a ação invasiva de um "seio que faz" no lugar de um "seio que é".

De modo análogo, em grande parte dos casos, o que assistimos nas salas de aula são professores que *fazem* no lugar de professores que *são*. Professores que *fazem* discursos, por vezes envolventes, sedutores e brilhantes, mas que não se casam, em absoluto, com o "ser" escondido por trás da fala, da autoridade do seu saber ou do seu carisma. Este tipo de mestre em geral "escolhe um discípulo de eleição [...] e lê nos olhos do aluno o sentido de seu próprio valor" (Gudsdorf, 1987, p. 167). Exercitando, pelo fascínio que produz sobre o discípulo, uma curiosa forma de narcisismo, e colocando-se à altura da sabedoria dos deuses, um professor assim paralisa o seu aluno, interrompendo qualquer forma de diálogo. Levado a reagir, os sentimentos do discípulo oscilam entre a veneração e o ódio. Não diz respeito a outra coisa o seguinte desabafo de Alcibíades, dirigido ao seu grande mestre, Sócrates, ao final do *Banquete*:

> Este homem me faz confessar que não devo viver como vivo [...] Sou forçado a fugir de sua presença [...] se não quiser ver-me como chumbado a seus pés pelo resto de meus dias. Só ao pé deste homem tenho experimentado um sentimento

> de que todos me julgariam incapaz: o da vergonha. [...] Quando ele me fala, sinto que nada tenho a opor aos seus conselhos; entretanto, quando me retiro dele, cedo novamente às atrações da vida pública. Fujo-o, evito-o; mas revendo-o, coro de não ter cumprido minhas promessas. Chego a desejar, por vezes, que ele desaparecesse de entre os vivos. [...] Não sei, em resumo, como comportar-me diante deste homem. Tal a fascinação que sobre mim e sobre muitos outros exercem as árias da flauta deste Satyro.[6] (Platão, *O Banquete*: 129-30)

Um mestre assim talvez reúna todas as qualidades esperadas de um bom orador. Contudo, não educa. Gostaria de sugerir, parodiando Winnicott, que o mestre que educa não é perfeito, mas apenas "suficientemente bom". Fico pensando que a segunda professora da história do "menininho" talvez se aproxime desse educador que, sabendo ouvir e aguardar, não antecipa o seu gesto ao gesto espontâneo do aluno pelo simples e bom motivo de que não pretende que o seu "fazer" se transforme *no* modelo de "ser" do educando. Embora simples, esta talvez seja uma das aprendizagens mais difíceis para alguém cujo imaginário está povoado de modelos que o colocam diante do impossível ideal de perfeição. E tais modelos não são exatamente aqueles reproduzidos nas brincadeiras de "escolinha" que, desde um tempo muito remoto, associam a figura do professor à ideia de infalibilidade, fazendo do seu posto um lugar altamente disputado? Sabemos que todas as crianças se identificam

---

6. Referência ao Satyro Marsyas, "célebre tocador de flauta, a quem se atribui a proeza de reunir todos os sons em um só instrumento, foi escorchado vivo por Apollo por haver querido disputar o prêmio de música". Platão, *O Banquete*, p. 127.

com os super-heróis e que isto é muito natural. Acontece que, fora do espaço imaginário, super-heróis não existem, o que significa que a edificação de um "fazer" profissional sobre tais bases é absolutamente falsa. Daí as caricaturas. Daí a armadilha de que falávamos no início sobre uma pseudointimidade entre "ser" e "fazer", especialmente no exercício docente. Vejamos, de forma breve, como isso se manifesta.

A despeito da parafernália eletrônica posta à disposição dos mestres como recursos didádicos, a *palavra* ainda é o instrumento básico *com* e *por meio* da qual todo professor realiza o seu trabalho. Sua meta se concretiza e depende, pois, de sua *fala*. Mas, como bem argumentava um filósofo francês deste século (Maurice Merleau-Ponty, 1994), existe uma "fala falante" e uma "fala falada", que no trabalho pedagógico do professor faz toda a diferença. Pois enquanto a "fala falada" se refere a um discurso que já foi dito por outrem e agora pertence a um "fundo cultural" da humanidade, a "fala falante" é aquela pela qual um indivíduo insere seu gesto criativo no mundo e *re*-significa os saberes a que teve acesso. Numa palavra, se *apropria* desses conhecimentos e, por isso mesmo, pode *usá-los* — no sentido que Winnicott atribui a este termo — para o seu enriquecimento pessoal. Em sala de aula, esta não é uma diferença meramente conceitual, mas é aquilo que permite distinguir os "bons" professores e os medianos que, com o passar do tempo, até mesmo esquecemos o nome. É por ela também que se estabelece uma linha divisória entre ensino e educação; ou ainda, entre transmissão de conhecimentos e autêntica comunicação entre professor e aluno.

Mas, coerentemente com o que afirmei, todo esse esforço de reflexão não nos deve servir apenas como mais um exercício para demarcar a diferença entre os "bons" professores e os "medíocres", o que apenas disfarça um outro exercício: o de saber em qual dessas "categorias" nos encaixamos. A meu ver, isso seria apenas um outro jeito de repetir o que estamos combatendo: a tentativa de encontrar "modelos ideais" no lado de "fora", ou, ainda, num "fazer" que exclui o "ser" singular que cada um "é". Por isso mesmo é oportuno resgatar o objetivo da trajetória feita até aqui. Perguntávamos se na condição de educadores podemos "brincar". Penso que já está claro que não se trata de uma escolha, mas de uma *possibilidade*. Se o conjunto de conhecimentos que um professor *tem* que ensinar tiver para ele o estatuto de algo "fora" com o qual não se comunica de fato porque não apaixona ou mobiliza o seu "ser", sua "fala" terá a qualidade de uma "fala falada", e seu "fazer" será tão caricatural e falso como o dos bonecos animados por ventríloquos. Ou, ainda, o que dá no mesmo, se não se sente à vontade para assumir a autoria de seu "fazer" e apenas responde de forma subserviente às expectativas dos modelos há muito internalizados, então não dispõe de um espaço onde possa "ser" e estabelecer uma verdadeira comunicação com os alunos. Tanto num caso como no outro, não pode brincar.

Diria que esta possibilidade existe se o educador tiver um contato criativo com aquilo que ensina; se este saber lhe faz sentido e, de algum modo, se acha relacionado com a construção de *seu* projeto pessoal e existencial. Pois só então se pode dizer que ele se *apropriou* e, por isso mesmo, pode *usar* aquilo que sabe. É este tipo especial de intimidade e familiaridade com o "saber" que lhe permite dimensionar o seu "não-saber" e, em consequência, reconhecer o lugar do "aprendiz", de se identificar com ele, de ouvi-lo, de saber aguardar pelo seu gesto e acolhê-lo como gesto legítimo. É esta possibilidade que lhe permite ensinar pelo que "sabe" e educar pelo que "não sabe", pois o verdadeiro sentido da educação e o verdadeiro ato educativo se dá no espaço do silêncio, do ainda não dito. Fazendo *uso* do que sabe e ao mesmo tempo projetando-se para o desconhecido, o professor também "brinca". Mais do que isso, ensina aos seus alunos o valor dessa "brincadeira" no território da cultura, sem o que nenhum significado real é encontrado na "seriedade" que lhe é imposta em contrapartida.

III

Transicionalidade e educação

La fantasía abandonada de la razón produce monstruos, pero unida a ella és la madre de las artes. (Francisco de Goya)

Da *des*-ordem criativa à ordem construtiva: repensando a tarefa da escola

... imagino que uma das mais fortes motivações para uma obra artística ou científica consiste na vontade de evasão do cotidiano com seu cruel rigor e monotonia desesperadora, na necessidade de escapar das cadeias dos desejos pessoais eternamente instáveis. Causas que impelem os seres sensíveis a se libertarem da existência pessoal, para procurar o universo da contemplação e compreensão objetivas. [...] A este motivo de ordem negativa, ajunta-se outro mais positivo. O homem procura formar, de qualquer maneira, mas segundo a própria lógica, uma imagem simples e clara do mundo.

> Para isso, ultrapassa o universo de sua vivência, porque se esforça em certa medida por substituí-lo por essa imagem. [...] A essa imagem e à sua realização consagra o máximo de sua vida afetiva para assim alcançar a paz e a força que não pode obter nos excessivos limites da experiência agitada e subjetiva. (Einstein, 1981, p. 138-9)

Gostaria de me debruçar um pouco sobre essas palavras de Einstein, pois acredito que elas dizem, de maneira indireta, algo importante sobre a finalidade última da escola e também sobre o modo como essa tarefa se realiza (ou não) no seu interior. Elas falam sobre as *motivações* mais profundas responsáveis pelo envolvimento de um indivíduo com a produção cultural, apontando que, a um só tempo, por *meio* dessa atividade humana, é possível "evadir-se" ou, ainda, "escapar" das pressões provenientes tanto do campo da pura objetividade (*a cruel monotonia do cotidiano*) como do campo da pura *subjetividade* ("cadeias dos desejos pessoais eternamente instáveis"). O físico reconhece, assim, que o *campo* da produção científica (ou artística) diz respeito a algum *outro* âmbito, para onde é possível "escapar" e, ainda assim, participar do mundo compartilhado da cultura.

Winnicott se referia a este território como um lugar de "repouso" necessário a todo ser humano ocupado com a inevitável tarefa de constantemente relacionar o mundo interno e a realidade externa. O leitor estará lembrado que se trata daquela terceira área da experiência humana em que o bebê viveu a *ilusão* de criar o mundo, a criança pequena pôde *brincar* e na qual o adulto pôde realizar aquilo que talvez faça a vida valer a pena ser vivida: "transcender sua existência pessoal através das *experiências culturais* que dão continuidade à raça humana" (Winnicott, 1996, p. 100). Einstein reconhecia nessa atividade o sentido positivo das produções científicas pela qual o homem "ultrapassa o universo de sua vivência".

E o que isto tem a ver com a tarefa da escola? Se pensarmos que desde os primeiros anos escolares grande parte da energia dispendida pelos professores se destina a "ensinar" as crianças a reconhecer a existência de uma realidade "objetiva", para além do mundo de suas fantasias e desejos subjetivos, realidade esta que elas precisam dominar sob a forma de conhecimentos; e se pensarmos também que esta tarefa educativa é extremamente penosa e difícil tanto para os alunos quanto para os professores, será preciso — se quisermos descobrir o real significado da educação — entender em nome do que tamanho esforço é realizado. Também ocupado com o sentido da tarefa analítica, em dado momento Winnicott se pergunta: para além da questão da doença ou da ausência desta, afinal "sobre o que versa a vida?". Pois para ele estava claro que "a ausência de doença psiconeurótica pode ser saúde, mas não é vida" (Winnicott, 1975, p. 139).

O interessante é que a resposta a que chegou o psicanalista inglês parece convergir para a área cujo domínio, a rigor, pertence à educação, na medida em que diz respeito à possibilidade de um viver criativo. Se quisermos que a resposta à pergunta "sobre o que versa o educar?" não se restrinja ao "aprender" e ao "ensinar", será preciso também ir além dos aspectos estritamente pedagógicos. Será preciso reconhecer que o educar versa sobre aquilo que versa o viver. E se o viver se refere à possibilidade de encarregar-se de si mesmo e de participar criativamente do mundo compartilhado da cultura humana, *educar é criar as condições necessárias ao estabelecimento de uma ponte entre a tradição e a criação, entre o ser que eu "já-sou" e o meu "poder-ser"*. A questão é saber se a escola tem cumprido sua verdadeira tarefa educativa ou se, pelo contrário, tem se limitado apenas ao "ensino" e à "aprendizagem" como fenômenos isolados.

Dispensemos as conjecturas e vamos direto ao ponto: todos sabemos que, salvo exceções, a escola é mesmo aquele lugar "muito aborrecido" de que se queixam principalmente as crianças, mas também os adultos! E, pior que isso, sabemos também que, em alguns casos, a escola falha até mesmo na mais simples tarefa de ensinar. Conta-se que o pai de Einstein foi chamado à escola para ser colocado a par da avaliação pouco otimista que dele faziam seus mestres, especialmente na área de exatas! Isso nos faz pensar que algo muito estranho de fato acontece com a perspectiva com que esta instituição vê e desenvolve o seu próprio trabalho. Sugiro que tais distorções, que afinal de contas afastam a escola e o ato educativo de sua verdadeira meta, têm a ver com a abordagem predominantemente cerebral do ensino, da aprendizagem e da própria educação. Em outras palavras, está relacionado com certo *estilo* de pensar e fazer educação, pautado sobretudo na *linearidade*, na *homogeneidade* e na *previsibilidade*.

Daí seu profundo apego à ordem e à disciplina, pois "só assim", dizem, é possível exercer *controle* sobre o que se passa. Mera quimera! Diria que "nem assim", porque nenhum mecanismo de controle, por mais eficiente que possa parecer ou pretender, consegue ponderar o imponderável, prever o imprevisível. Isso porque, como já vimos, nem a realidade, nem o conhecimento, e muito menos o ser humano, podem ser apreendidos em sua totalidade. Há sempre um resto, um algo que escapa para mais além. Estamos de volta ao tema da precariedade inerente ao conhecer, característica, aliás, comum ao estado vivido nas brincadeiras. No entanto, é na escola o lugar em que mais se ouve frases do tipo: "agora não é hora de brincar!"; "estudar não é brincadeira"; "essas crianças só pensam em brincar!". Como se a *des*-ordem inerente às brincadeiras se opusesse radicalmente à *ordem* necessária ao aprender e ensinar!

No entanto, não seria a negligência — e mesmo a recusa — daqueles aspectos do humano que insistem em se conflitar com as formulações estritamente racionais da mente (sensações, desejos, construções imaginativas, intuições) responsável até certo ponto por um estado de apatia vivido por professores e alunos diante dos atos de ensinar e aprender? É sempre interessante conhecer a etimologia das palavras para revelar-lhes melhor o sentido: apatia, do latim *apathia*, significa estado de insensibilidade ou falta de energia ou, ainda, ausência de paixão ou sentimento (do grego *páthos*). Tais noções, por sua vez, se associam também à ideia de anestesia — estado de não (*a*) percepção (*aisthesía*). Penso que não seria equivocado vincular tais conceitos à atmosfera entediante que, no cenário pedagógico, atinge a todos nos diferentes graus do ensino.

A tentativa de esvaziar os aspectos sensíveis da relação do homem com o conhecimento e reduzi-lo às regras de uma aproximação estritamente racional com os produtos e produções da cultura nada mais é do que a tentativa de desumanização de uma atividade eminentemente humana ou, numa palavra, a tentativa de *desencantá-la*. O problema é que o feitiço muitas vezes vira contra o feiticeiro! Ninguém que se dedique ao ensino deixa de notar os sinais inequívocos de desgaste da escola, tais como o desânimo em relação aos seus meios e o ceticismo em relação aos seus fins. Em tempos em que inúmeras outras agências educativas (meios de comunicação de massa, computador, Internet etc.) se apresentam como alternativas — infinitamente mais dinâmicas e atraentes, diga-se de passagem — à transmissão de conhecimentos, é no mínimo prudente repensar o sentido e a estilística do que se passa nessa instituição.

Ordem, regularidade, simetria, linearidade, homogeneidade. Mais do que elementos estruturantes de um *bem* para o pensar e de um *bem* da conduta moral, passaram a ser também expressões do *belo*. E qual professor não se encanta com aquele aluno cujo traçado da letra é absolutamente uniforme, obedecendo aos limites da linha e dos parágrafos? Melhor ainda se for expressão de uma conduta rigorosamente compatível com as regras disciplinares e de um pensamento orientado pelas infalíveis leis da lógica! Contudo, as aparências enganam: este aluno exemplar, idealizado, que também povoa a mente de muitos professores, nem sempre constrói uma relação efetivamente autêntica, criativa e, no limite, produtiva e saudável com o conhecimento. Pois não é ele que se vincula a um saber, mas apenas uma parte sua representada por uma atividade mental que se desenvolveu como *coisa em si*, dissociada e, portanto, falsa. Vejamos um comentário de Winnicott muito interessante sobre esse assunto:

> Um risco particular se origina da não rara ligação entre abordagem intelectual e o falso *self*. Quando um falso *self*

> se torna organizado em um indivíduo que tem um grande potencial intelectual, há uma forte tendência para a mente se tornar o lugar do falso *self*, e neste caso se desenvolve uma dissociação entre a atividade intelectual e a existência psicossomática. [...] O mundo pode observar êxito acadêmico de alto grau, e pode achar difícil acreditar no distúrbio do indivíduo em questão; que quanto mais é bem-sucedido, mais se sente falso. Quando tais indivíduos se destroem de um jeito ou de outro, ao invés de se tornarem o que prometiam ser, isto invariavelmente produz uma sensação chocante naqueles que tinham depositado grandes esperanças no indivíduo. (1990, p. 132)

Ao dizer isso, Winnicott não estava se dirigindo a educadores, embora o tenha feito em várias ocasiões. Seja como for, podemos nos sentir implicados nesta sua fala, pois, na condição de professores-educadores, não raro esquecemos da pessoa (ser) do aluno e reivindicamos, exclusivamente, o seu "fazer, ordeiro e disciplinado. Este apego à ordem e disciplina é a expressão estética da sociedade moderna que, respondendo às exigências de controle, quadriculou o espaço e o tempo da vida dos indivíduos. Assim como as cidades[1] que passaram a conviver com o esquadrinhamento geométrico do traçado de suas ruas, todas as instituições disciplinares modernas dividem a mesma preocupação com a ordem e o controle. A escola não fugiria à regra. "Cada indivíduo no seu lugar; em cada lugar um indivíduo. Evitar as distribuições por grupos; decompor as implantações

---

1. Para o pai do racionalismo moderno "os edifícios empreendidos e construídos por um só arquiteto costumam ser mais belos e melhor ordenados [do que] essas antigas cidades [...] tão mal compassadas, de ruas curvas e desiguais" (Descartes, 1987).

coletivas; analisar as pluralidades confusas, maciças ou fugidias" (Foucault, 1994).

Se, do ponto de vista das relações de poder, as mudanças no enquadre escolar representaram a possibilidade de um maior controle sobre a economia dos corpos, tanto quanto do domínio ideológico das mentes — tema já bastante explorado por diversos autores —, a questão da relação entre os indivíduos e a experiência do conhecimento merece ainda maior atenção. Poderíamos nos perguntar se a excessiva racionalização do espaço, do tempo, dos campos do saber, da divisão analítica e didática dos conteúdos (em nome da objetividade da ciência!) não acabou por acentuar a *dissociação* entre o homem (na escola, o aluno) e a experiência cultural (na escola, os conteúdos). Defendo a tese de que o enquadre escolar moderno, pedagogicamente marcado por uma estética linear, homogênea e previsível (tanto do ponto de vista da organização do espaço e do tempo como também na organização didático-metodológica dos conteúdos de ensino), tem sido em grande parte responsável, sim, por essa dissociação, cujos sintomas são a apatia e a perda de vigor em relação ao saber.

Mas porque a ciência, assim como a escola — diriam os mais convictos —, tem um compromisso com a *verdade*, com a *objetividade* e com a *ordem* do mundo, é intolerável conviver com a precariedade, com a ambiguidade! O que de fato parece intolerável é a convivência com a tese de que as produções científicas ocupam o mesmo território da vida imaginativa, pois isto coloca o problema de se admitir "que a imaginação pode ser uma via de acesso à realidade; que a fantasia pode ser uma forma de pensamento" (Menezes, 1996, p. 95). Seguramente um poeta não teria crédito para sustentar uma afirmação dessa natureza. Deixemos, então, que o físico — do porte de um Einstein — dê o seu testemunho novamente:

> A suprema tarefa do físico consiste em procurar as leis elementares mais gerais, a partir das quais, por pura dedução, se adquire a imagem do mundo. Nenhum caminho lógico leva a tais leis elementares. Seria antes exclusivamente a *intuição* a se desenvolver paralelamente à experiência. (1981, p. 140)

Ao incluir a intuição no processo de descoberta, Einstein caminha a favor da tese de Winnicott sobre o estado de precariedade característico do brincar, cuja continuidade no tempo se relaciona com as experiências culturais. Além disso, admite a existência de uma dimensão *não linear* no processo de conhecimento. O que não quer dizer que estivesse desconsiderando a "força de vontade" e a "disciplina" envolvidas no trabalho do cientista, e sim relativizando-as. Não se trata, de novo, de uma oposição, mas da *complementaridade* entre estados de continuidade e descontinuidade da mente nos processos de criação. O testemunho de Goethe também ilustra o que está sendo dito:

> Luto com o anjo desconhecido até a exaustão; nenhum homem pode imaginar os combates que tenho que travar para produzir o pouco que produzo [...] Que falta de continuidade em minha ação, em minhas ideias, em minha criação poética! Que raros foram os dias verdadeiramente proveitosos! Que Deus continue a dar-me seu auxílio, a dar-me a luz necessária para que eu não seja um obstáculo em meu próprio caminho. (Apud Gudsdorf, 1987, p. 88)

A que "eu" estaria se referindo Goethe com tamanhos poderes para obstaculizar o "seu" próprio caminho? Muito provavelmente àquele que desorganiza a mente, sede dos desejos, sem os quais, no entanto, não há viver criativo. Em contraste, todos sabemos que o tumulto desenfreado das paixões enebria de tal forma a realidade que é capaz de transfigurá-la. O grande pintor espanhol do século XVIII, Francisco Goya, numa de suas fases mais criativas, reconhecia a necessidade desse equilíbrio: "La fantasía abandonada de la razón produce monstruos, pero unida a ella és la madre de las artes". Isto indica que a despeito da vontade controladora da razão e da força da consciência, os conteúdos mais obscuros da alma humana não pedem licença para invadir a mente e oferecer material para a inventividade desperta. Robert Altman, diretor de cinema, oferece outro testemunho do que está sendo dito ao descrever como "criou" o filme *Short Cuts* a partir de uma adaptação dos contos de Raymond Carver.

> Pegamos nove contos dele e os misturamos, como se embaralham cartas de baralho. Eu descobri Carver em 1990, quando retornava de Paris para Los Angeles. Era um voo de doze horas e quando terminou eu havia lido três coletâneas de contos de Carver. Eu cochilava e sonhava, misturando as histórias e os personagens. Quando acordei, eu disse a mim mesmo que tinha um filme.[2]

O que esses exemplos e depoimentos parecem indicar é que existe uma complementaridade interessante e

2. Entrevista a Marie Colmant do *Libération*, publicada no jornal *Folha de S.Paulo*, em 18.3.1994.

necessária entre um estado de mente onde um certo grau de *des-ordem* abre espaço à criação e um outro no qual a vigilância do pensamento ordenado e disciplinado dá forma às construções produtivas. Penso que a compreensão da necessidade e importância deste equilíbrio possibilita re-significar a tarefa da escola e o papel do educador. Segundo esta outra perspectiva, o "brincar" não fica apenas permitido, mas entra como elemento importante no trânsito entre a tradição cultural e a inserção, no mundo, do gesto criativo do educando. Tarefa que só se realiza por meio de um verdadeiro *encontro pedagógico* onde aquilo que o mestre *apresenta* do exterior se confunde com a *criação construtiva* do discípulo. Algo análogo a um jogo, batizado por Winnicott de *squiggle game* (ou jogo do rabisco), usado por ele para estabelecer um vínculo com as crianças com as quais desenvolveria um trabalho clínico:

> Em um momento adequado após a chegada do paciente, geralmente após pedir ao genitor que o acompanha para ir para a sala de espera, digo à criança: "Vamos jogar alguma coisa. Sei o que gostaria de jogar e vou lhe mostrar". Há uma mesa entre mim e a criança, com papel e dois lápis. Primeiro apanho um pouco de papel e rasgo as folhas ao meio, dando a impressão de que o que estamos fazendo não é freneticamente importante, e então começo a explicar. Digo: "Este jogo que gosto de jogar não tem regras. Pego apenas o meu lápis e faço assim...", e provavelmente aperto os olhos e faço um rabisco às cegas. Prossigo com a explicação e digo: "Mostre-me se se parece com alguma coisa a você ou se pode transformá-lo em algo; depois, faça o mesmo comigo e verei se posso fazer algo com o seu rabisco". (Winnicott, 1994, p. 232)

Se o que afirmei até aqui a respeito de como entendo e no que consiste o que se passa no espaço transicional entre professor e aluno já estiver claro, penso que serei bem compreendida se afirmar, agora, que, *metaforicamente*, o "jogo do rabisco" pode ser *usado* para descrever um tipo especial de comunicação estabelecida na relação pedagógica. Não será demais repetir: é certo que os conteúdos de conhecimento — considerados como "objetos em si" — pertencem ao campo da objetividade, e por isso podem ser até certo ponto controlados pela intervenção organizada do mestre. Em contrapartida, do mesmo modo que o primeiro *rabisco* não define, de antemão, a forma final do desenho, é impossível prever o que advirá da trajetória única e intransferível traçada a partir do encontro de cada um com os objetos da cultura. É exatamente esta imprevisibilidade que faz do ato educativo uma tarefa sempre inconclusa, aberta e, por excelência, criativa. O próximo passo será mostrar como isso acontece na prática de sala de aula.

Uma experiência de sala de aula

É prática pouco comum entre professores o registro escrito dos acontecimentos de uma aula. Não só porque isso toma tempo, mas porque, pelos procedimentos escolares convencionais, importam muito mais o "antes" (o planejamento) e o "depois" (a avaliação) do que o que se passa "durante" o momento vivo de encontro entre professores e alunos. Assim é que a aula propriamente dita passa por um evento a mais entre tantos outros da rotina escolar, caindo quase sempre no esquecimento. E não deveria ser assim, pois o que nela se sucede é muito mais importante e se constitui num material pedagógico de avaliação da prática docente muito mais valioso do que pilhas e pilhas de papéis, provas, diários, cuja função é meramente burocrática. Assim é que também não disponho de nenhum outro registro do que passarei a relatar, exceto o da memória. Mas é verdade também que esta não costuma falhar quanto ao que de fato faz diferença.

Antes de passar ao relato propriamente dito, é importante fazer uma observação sem a qual talvez fique difícil para o leitor compreender a importância dessa vivência pedagógica em minha prática docente. Entre as diversas disciplinas do currículo de formação de educadores, a Filosofia da Educação figura entre aquelas que recebem maior resistência dos alunos. Ensiná-la é assumir uma espécie de batalha no campo pedagógico, pois significa posicionar-se como força contrária às que apostam numa visão exclusivamente pragmática e utilitarista da educação. Absolutamente inexperientes na prática de refletir, a maioria dos alunos entende esta disciplina como erudição desnecessária e inútil, justamente porque coloca num plano secundário o "como fazer" para privilegiar os seus "porquês". Consciente dessas dificuldades, mas convicta da importância da Filosofia para a formação dos futuros educadores, renovo, a cada encontro com o grupo de alunos, o desafio de "seduzi-los" para o filosofar. Tarefa nada fácil quando os argumentos da razão se revelam insuficientes como armas de convencimento!

Embora se tratasse de alunos de terceiro grau, e do segundo ano do curso de Pedagogia, a verdade é que aquela classe era especialmente difícil de ser trabalhada, dado o perfil de imaturidade e desinteresse generalizado do grupo, especialmente pelas disciplinas ditas "teóricas"! Havia algum tempo que pensava em recorrer ao uso da obra de arte para ilustrar certos aspectos do conteúdo de ensino que me pareciam essenciais para o entendimento dos alunos a respeito das transformações do significado da educação na modernidade. Devo confessar: pensei no uso desse recurso, pois, a certa altura, comecei a desconfiar seriamente da eficácia do "discurso" lógico e linear típico das argumentações teóricas. Por isso mesmo ousei um pouco mais e decidi recorrer à arte não apenas como ilustração, mas como meio de *provocação* dos alunos. Arrisquei porque intuitivamente acreditava que a *palavra* do professor e dos textos deveria ser primeiro experimentada, vivida, para só depois ser compreendida.

Num belo dia, tendo como objetivo demonstrar o contraste existente entre o pensamento filosófico medieval e aquele inaugurado pelo Renascimento, solicitei que se dedicassem a ouvir, em silêncio, duas músicas clássicas: a primeira, um canto gregoriano (Benedictus Qui Venit — Hosanna) e a segunda, o tão conhecido "Concerto número um" das *Quatro Estações* de Antônio Vivaldi. Antes, porém, os orientei para que *se deixassem levar* livremente pelas melodias e, na medida do possível, registrassem tudo quanto lhes viesse à mente, sob forma de imagens, sensações, sentimentos ou ideias. Ao final da execução do canto gregoriano, uma aluna manifestou sua sensação de "alívio", com o seguinte comentário: "Que bom! Finalmente, acabou!" Confesso que estremeci, pensando que talvez minha ousadia estivesse começando a resultar num grande fracasso. Recomposta do "susto", e fazendo o possível para disfarçá-lo, o fato é que não tomei aquele desabafo como sinal de desdém pela atividade (embora a atitude costumeira daquela aluna em sala de aula revelasse certo descomprometimento com os conteúdos de ensino). Prossegui com a segunda música. E o que ia percebendo era que a classe como um todo parecia envolvida com a atividade. No final, intervim.

Comecei por dividir a lousa em duas grandes partes. Em seguida, dirigindo-me à autora do "desabafo", perguntei-lhe se algo a havia incomodado. A princípio, visivelmente desconfortável na situação — afinal, sua manifestação poderia ter *desagradado* a professora! —, procurou se desculpar. Disse-lhe que talvez não fosse o caso de pedir desculpas, mas de poder compreender as repercussões que aquela música havia provocado. Mais à vontade, explicou que o canto gregoriano produzira-lhe um sentimento próximo ao de medo. Associou esse sentimento à escuridão, abandono, tristeza, morte etc. A essa altura, solicitei a participação dos outros alunos, enquanto anotava na lousa o que ia surgindo. Ideias, imagens e sensações semelhantes apareceram: "noite", "morte", "tempestade", "escuridão", "solidão", "igrejas sombrias" etc. Esgotadas as associações suscitadas pelo canto gregoriano, passamos a Vivaldi. Perguntei propositalmente àquela mesma aluna como havia percebido o "Concerto da primavera". Falou então de imagens de campos, flores, sobre correr alegremente, danças coletivas, sobre o sentimento de liberdade. A classe como um todo parecia também entusiasmada. Apareceram coisas tais como "luz", "claridade", "alegria de viver", "festas de casamento", "delicadeza", "esperança", "contato com a natureza" e tantas outras que agora não posso recordar com exatidão.

Concluída essa primeira parte da aula, chegou o momento de justificar a estratégia utilizada em função dos objetivos de ensino. Comecei por relacionar as sensações e imagens trazidas pelos alunos com todo um clima do período medieval. Fiz observações sobre a pertinência do sentimento de medo associado à escuridão e a escuridão com o sentimento de não-saber. E daí em diante, como essas noções se relacionavam com a concepção de mundo, homem e conhecimento no período histórico que estávamos estudando. Procedi da mesma forma ao relacionar a música de Vivaldi com as transformações ocorridas a partir do movimento renascentista. Percebi então que começava a ganhar sentido, para aquele grupo de alunos, algumas das principais características do pensamento moderno e a influência que viriam exercer sobre os ideais pedagógicos do período, sentido esse de que possivelmente não teriam se *apropriado* apenas pela escuta — por mais atenta que fosse! — do *meu* próprio discurso!

Foram muitos os efeitos produzidos por essa experiência pedagógica. Entre eles, todo um clima de envolvimento dos alunos com os textos trabalhados daí em diante, na medida em que lhes iam parecendo menos estranhos ao entendimento. Mas o que me pareceu fundamentalmente valioso foi o estabelecimento de um vínculo, até então inexistente — ou ao menos não manifesto —, entre *aquela* aluna e o exercício de pensar e conhecer. A partir dessa experiência, na qual pôde incluir os seus sentimentos e impressões mais espontâneas na tentativa de compreender todo um conjunto de ideias absolutamente estranhas ao seu universo de preocupações habituais, desenvolveu uma nova atitude em sala de aula. Algum tempo depois, produziu um trabalho monográfico no qual manifestou, de forma organizada e mais bem elaborada, uma nova forma de relacionar-se com o conhecimento. E que forma era essa? A de não tratar o saber como um "fora", estrangeiro a si mesma, mas como algo com o qual poderia se comunicar de maneira criativa e produtiva.

Nesse sentido, a experiência acima relatada ultrapassou os limites da aprendizagem enquanto domínio estrito de algumas informações. Não estou querendo dizer com isso que os conteúdos em si mesmos não têm valor. Mas que valor podem ter na ausência das condições que possibilitam a sua apropriação como algo capaz de conectar os alunos, a um só tempo, com a história da cultura e consigo mesmos? O relativo sucesso da experiência — e digo relativo porque haverá sempre um resto não alcançável pela intenção do mestre — pode ser atribuído, em parte, ao potencial criativo do recurso à obra de arte, pela força que possui de, antes de mais nada, tocar a sensibilidade humana e abrir um campo para o pensar organizado. Mas, sem dúvida, parte considerável desse relativo "sucesso" se deve ao fato de que o trabalho foi conduzido, num primeiro momento, dentro de uma atmosfera absolutamente *não linear*, onde havia espaço para o imprevisível, para o ainda não visto e não dito, tanto por parte dos alunos como por parte do professor.

Hoje entendo que essa vivência pedagógica teve a qualidade de uma "brincadeira", no sentido que Winnicott empresta a esse termo. Devo dizer, porém, que viria a conhecer as ideias deste autor muito depois, e este fato apenas reforça minha convicção de que a validade do conhecimento teórico está na sua capacidade de dar forma e nomear aquilo que, antes, passou pela experiência vivida. Dito de outro modo, a riqueza da teoria é que ela nos permite *re*-significar o vivido, e isto é válido tanto para os alunos como para os professores! Penso que reside aí o sentido de ensinar. Por isso o ensino não pode ser "dado", mas antes deve ter a qualidade de algo que, sendo "apresentado" pelo educador, possa também ser "encontrado" a partir da subjetividade do educando.

Contudo, para que esse encontro aconteça é necessário que algumas *condições* sejam garantidas, a fim de dar sustentação à experiência. A primeira delas é a existência de um clima de *confiabilidade* entre professor e aluno. Na experiência que relatei, nada foi cobrado dos alunos, a não ser que, inicialmente, se *deixassem levar* pela melodia das músicas. É provável que tenham encontrado, aí, um *ambiente confiável* que lhes permitiu participar, criativamente, daquela atividade. Esta condição básica assegura a segunda, ou seja, a possibilidade de viver uma *experiência lúdica*, com algum *nonsense*, a meio caminho *entre* a magia e a realidade. Em sala de aula, a ausência de ameaça representada pelo "erro" é condição para que os alunos possam *usar* seus próprios recursos para estabelecer ligações entre suas vivências internas e a realidade externa. Nesse espaço lúdico, espaço da "brincadeira", o "não-saber" vai aos poucos se convertendo em algum "saber" com a ajuda, é claro, do "saber" já organizado do professor.

Equivoca-se, portanto, quem supõe que o saber do aluno depende exclusivamente da palavra do professor. Pois esta é apenas uma, a *dele*. Por outro lado, um professor não pode furtar-se de anunciar a *sua* própria palavra, de expressar o *seu* próprio gesto, pelo simples e bom motivo de que ele não está do lado de "fora". Ao contrário, ele é parte essencial do jogo. Sua palavra é aquela que dá início ao movimento exclusivo de busca do aluno pelo qual este *re*-significa a sua própria experiência. A centralidade do papel do professor se deve ao fato de que é ele quem lança o "convite" e promove as *condições* de sustentação da experiência lúdica que está na origem do processo de conhecer. Além disso, é dele a tarefa de dar forma ao que, do ponto de vista do aluno, parece a princípio caótico. Se a verdadeira relação pedagógica não se dá, por isso mesmo, sem certa assimetria entre mestre e discípulo, isto não quer dizer, contudo, desigualdade em relação à dinâmica desse caminhar. Pois ambos veem se aproximar e se distanciar os horizontes que perseguem e participam de um mesmo movimento contínuo, a um só tempo, progressivo e pendular em direção ao sempre novo, imponderável, heterogêneo, exterior. A omissão de um professor é, por esta razão, mera hipocrisia, se não for mediocridade. Enunciar sua palavra faz parte do acordo tácito pelo qual o educador assegura o lugar do educando, pelo menos enquanto durar a tarefa educativa cujo fim pressupõe a sua morte enquanto mestre.

A morte do mestre: ou sobre o *fim* da tarefa educativa

Gostaria de começar este item chamando atenção para a ambiguidade presente neste subtítulo. A expressão "fim da tarefa educativa" pode ser entendida tanto como o final de uma trajetória desenvolvida no tempo como também a sua finalidade última. Sabemos que o percurso da vida escolar de um indivíduo tem lá um fim que normalmente coincide com a conquista de um diploma ou de um título. Se pensarmos nestes termos, esta trajetória tem uma data que a delimita no tempo. No entanto, sabemos que a posse do diploma não encerra, mas dá início a uma nova etapa no processo de formação de um indivíduo que, a rigor, nunca se conclui. Exatamente por esta razão, quando pensamos em termos de sua *finalidade* última, temos que nos resignar diante do fato de que ela é "intotalizável", sendo seu destino o de permanecer para sempre aberta, inconclusa. Mas embora inalcançável, este fim precisa ao menos ser "visualizável" sob pena de que o andar se dê às cegas e sem direção. Neste contexto faz sentido falar sobre a morte do mestre! Naturalmente que não de sua morte literal, mas de sua morte *para* e *do ponto de vista* do discípulo.

A palavra "discípulo" é fortemente carregada de uma conotação de subserviência e adesão incondicional à figura do mestre. Mesmo assim farei uso dela. Não no sentido usual de "seguidor", mas pensando muito mais na ideia de superação, de transcendência. E transcender significa ir além, ultrapassar, o que não se faz senão pelo exercício de diferenciação, de separação. Desde o nascimento, aliás, não é outro o grande desafio da vida de um indivíduo: o de afirmar-se como alguém único, separado, distinto, absolutamente singular. Esta não é uma tarefa fácil e tranquila, pois não se trata de um processo natural e espontâneo. Requer, ao contrário, uma grande carga de agressividade, e por isso mesmo esta conquista se dá à custa de muitos conflitos. Isto porque os homens têm certa tendência a repetir o mito de Narciso e, como diz o compositor: "Narciso acha feio tudo que não é espelho!"[3] Será preciso reconhecer: em algum lugar da alma do mestre existe o desejo de que o discípulo seja mesmo um "seguidor". Sobre isso escreve Gudsdorf:

3. Referência à música de Caetano Veloso, "Sampa".

> O professor escolhe um discípulo de eleição, bom aluno escolhido por sua docilidade e pela admiração não dissimulada que dedica ao mestre. Este lê nos olhos do aluno o sentido de seu próprio valor, e a predileção que ele lhe testemunha não é senão um comprazimento indireto por si próprio. (1987, p. 167)

Penso que o leitor já entendeu que este tipo de sentimento não pertence a uma categoria específica de professores: os "medíocres" ou "narcisitas". Tal interpretação não passaria de julgamento moralista. Trata-se, ao contrário, de um sentimento humano, nem bom nem mau. Mas que precisa ser trabalhado. Sugiro que, como todos os conflitos, este também se resolve na relação com o *outro* e, neste caso, grande parte do esforço de diferenciação ficará — e precisa mesmo ficar — a cargo do aluno. Ninguém pode substituí-lo nesta tarefa que, em última instância, diz respeito à morte do mestre. Se nos reportarmos àquela imagem de super-homem dotada de qualidades que nenhum professor consegue sustentar, podemos deduzir que essa "morte" não é exatamente um crime, mas consequência de um saudável processo de desidealização do qual o educador também se beneficia. Pois, como vimos, não é nada fácil tentar atender a tamanha expectativa!

Sócrates permanece como símbolo do educador super-herói, com a agravante de ter construído em torno de si a imagem do mestre que não se impõe, certo de que o discípulo encontrará *a* verdade. Daí as palavras proferidas àqueles que sofriam o luto antecipado de sua morte: "Vocês, se quiserem acreditar em mim, não façam grande caso de Sócrates, mas muito mais *da* verdade" (Gudsdorf, 1987, p. 65). Sob o disfarce de sua "humildade" reside aí, isso sim, uma profunda arrogância. Diante de tamanha nobreza de caráter e infinita sabedoria, como pode um simples mortal — sujeito a todas as fraquezas humanas — expressar qualquer gesto sem que pareça ridículo ou pretensioso? Recorde-se, a esse respeito, o emocionado discurso de Alcibíades sobre os efeitos nele produzidos pelas palavras proféticas de Sócrates. A passagem na qual confessa o desejo de que ele "desaparecesse de entre os vivos" pode ser interpretada como manifestação da necessidade do discípulo de "destruir" o mestre a fim de que pudesse *usá-lo*.

O processo de "destruição" do mestre pelo discípulo é, pois, cheio de conflitos e naturalmente marcado por ataques e desafios à sua autoridade e ao seu saber. Por este motivo, também não é nada confortável a posição do educador que, no limite, se sente até mesmo traído por seus alunos. Afinal, como suportar passivamente a ingratidão daqueles a quem tanto nos dedicamos? E será preciso suportar, pois esta também é uma tarefa — e talvez uma das mais importantes — do educador. Mas antes que se associe tal tarefa a mais um ato heróico e sobre-humano, é bom adiantar: "suportar" os ataques agressivos dos alunos não significa não lhes opor resistência. Muito pelo contrário: quanto mais humano for esse confronto, maiores serão as chances de sucesso dessa relação. Pois "destruir" equivale a "humanizar", do mesmo modo que "suportar" significa, em última análise, "sobreviver". E se o objeto "sobrevive", como nos ensina Winnicott, ele ganha "realidade" e pode ser "usado". Mas que significa "usar" o mestre? De modo simples, diria que significa poder comunicar-se com ele de modo autêntico, sem medo, de maneira que o seu saber se transforme em *instrumento* do processo de crescimento e diferenciação do educando.

Uma carta de Charles Baudelaire a Wagner, depois de tê-lo ouvido pela primeira vez, em fevereiro de 1860, ilustra o que estou dizendo:

> O que senti é indescritível, mas, se o senhor for capaz de não rir, tentarei traduzir-lhe. Inicialmente, pareceu-me já conhecer aquela música, depois, refletindo, compreendi a razão da miragem. Parecia-me que aquela música era minha, e a reconhecia como qualquer homem reconhece as coisas que fatalmente amará. Para qualquer outro que não fosse um homem de espírito, esta frase seria imensamente ridícula, sobretudo se escrita por alguém que, como eu, não sabe música [...] (Apud Gudsdorf, 1987, p. 71).

Baudelaire fala dos efeitos que a música de Wagner produzira-lhe não no pensamento, mas no seu ser. Somente com algum esforço tenta traduzir o que julgava, ele mesmo, "indescritível". Nessa tentativa, permitiu-se parecer contraditório, místico, infantil, até mesmo ridículo, uma vez que se pressentira "compreendido". Trata-se aí do sentimento de *confiabilidade* sugerido pela afirmação: "se o senhor for capaz de não rir...". Entendo que essa esperança diz respeito também à expectativa daquilo que Winnicott denominou de "sobrevivência do objeto". Não rir corresponde a não se evadir da cena, de permanecer atento e sobreviver ao que, na fantasia do poeta, estava de algum modo associado ao desejo de "morte" do mestre, a fim de que pudesse se apropriar da autoria de sua música.

Na experiência pedagógica que descrevi anteriormente, minha "sobrevivência" ao *ataque* inicial da aluna foi fundamental para que ela desse continuidade à sua relação com os objetos — objeto música, objeto imagens, objeto professor

—, passando, em seguida, à experiência de sua "destruição". Colocando-os para fora de seu controle mágico, tornou-se capaz de fazer *uso* desses mesmos objetos e, finalmente, assumir a autoria de um texto monográfico, no qual pôde perceber-se em continuidade com uma produção cultural transcendente à sua vida subjetiva.

A essa altura penso ser oportuna a referência à ideia de *autonomia* do aluno, tão amplamente discutida como uma das finalidades centrais da educação escolar. Sustentada nos ideais modernos de "autonomia do sujeito", esta noção tem sido divulgada, especialmente entre os educadores, de maneira *dissociada* do *ser* dos alunos, como se a autonomia intelectual (de um sujeito "epistemológico"!), conquistada no *final* do processo de aprendizagem, dependesse apenas do seu desenvolvimento cognitivo. Esquece-se, porém, de que esta *autonomia*, identificada com a ideia de "liberdade", não é resultado ou uma espécie de "prêmio" de um esforço intelectual, mas antes é uma *condição* para que o indivíduo se aproprie de si mesmo e de seu próprio projeto existencial. E para tanto é necessário que, no início, lhe seja oferecido um ambiente onde o seu "não-saber" seja acolhido como gesto legítimo em direção a algum saber.

A morte do mestre é, pois, um momento importante no processo de afirmação do educando como um "outro dis-tinto". Pois diferenciar-se — diz Dussel — significa "encontrar *um modo* de ser homem entre os diferentes que se lhe oferecem" (1977, p. 71). Estamos aqui no âmbito da "eleição das possibilidades", onde se descobre que "a riqueza humana se alcança pela diferenciação (é o caso de uma vocação, profissão, ofício)" (ibid.). Assumindo, com este filósofo, que "o homem é mais livre quando tem uma compreensão mais profunda, ampla e esclarecida do seu próprio ser como projeto histórico concreto" (ibid., p. 78), nos aproximamos do "dever" (e do poder) da escola a partir de ponto de vista ético: ajudar o educando a responsabilizar-se pelo seu projeto existencial, colocando à sua disposição a tradição cultural herdada. Tal tarefa será mais bem-sucedida se pudermos abdicar daquela *estética linear, previsível e homogênea* e abrir espaço a uma *outra estética*, não linear, aquela cujo desenho único e intransferível se faz a partir de um verdadeiro encontro entre subjetividades que se dispõem a ensinar e aprender.

Se tivermos apreendido que, em *determinadas condições* — aquelas que possibilitam o "brincar" —, é possível criar um campo de experiências onde a cultura adquira real significado para o aluno, teremos superado a ideia de que educação se reduz ao "ensinar" e ao "aprender". Será possível, então, penetrar no significado profundo da seguinte afirmação de Winnicott: "Somos em verdade pobres se somos apenas sãos".

Bibliografia

ALVES, Rubem. *Conversas com quem gosta de ensinar*. 2. ed. São Paulo: Cortez/Autores Associados, 1982 (Col. Polêmicas do Nosso Tempo, n. 1).

ARIÈS, Philippe. *História social da criança e da família*. 2. ed. Rio de Janeiro: Zahar, 1981.

AVELLAR, José Carlos. *O cinema dilacerado*. Rio de Janeiro: Alhambra, 1986.

BARTHES, Roland. *A aula*. Trad. de Leyla Perrone-Moisés. São Paulo: Cultrix, 1978.

BJÖRK, Christina; ERIKSSON, Inga-Karin. *The story of Alice in her Oxford Wonderland*. Londres, R&S Books, 1994.

BROUGÈRE, Gilles. *Brinquedo e cultura*. Rev. e versão brasileira adap. por Gisela Wajskop. São Paulo: Cortez, 1995 (Col. Questões de Nossa Época, v. 43).

CAMPOS, Maria Christina S. de Souza. *Educação*: agentes formais e informais. São Paulo: EPU, 1985 (Col. Temas Básicos da Educação e Ensino).

CASALI, Alípio Márcio Dias. *A pedagógica de Enrique Dussel*: elementos para um estudo crítico. São Paulo: Dissertação de Mestrado, PUC-SP, 1979.

CASPARI, Irene. *Learning and Teaching*: the Collected papers of I. Caspari. Londres: Forum for The Advancement of Educational Therapy, 1987.

CUNHA, Antônio Geraldo da. *Dicionário Etimológico Nova Fronteira da Língua Portuguesa*. 2. ed. Rio de Janeiro: Nova Fronteira, 1996.

DAVIS, Madeleine; WALLBRIDGE, David. *Limite e espaço*: uma introdução à obra de D. W. Winnicott. Trad. de Eva Nick. Rio de Janeiro: Imago, 1982.

DESCARTES, René. Discurso do método; as paixões da alma. In: *Descartes*. São Paulo: Nova Cultural, 1987. v. I. (Col. Os Pensadores).

DUARTE Jr., João Francisco. *Fundamentos estéticos da educação*. 2. ed. Campinas: Papirus, 1988.

DUFRENNE, Mikel. *Estética e filosofia*. 2. ed. São Paulo: Perspectiva, 1981. (Col. Debates).

DUSSEL, Enrique. *Para una de-strucción de la historia de la ética*. Mendoza: Ser y Tiempo, 1972.

______. *Para una ética de la liberación latinoamericana*. Buenos Aires: Siglo XXI Argentina Editores S.A., 1973. t. II.

______. *Para uma ética da libertação latino-americana*: I — Acesso ao ponto de partida da ética. São Paulo: Loyola, 1977.

______. *Para uma ética da libertação latino-americana*: III — Erótica e Pedagógica. São Paulo: Loyola-Unimep, 1977.

EAGLETON, Terry. *A ideologia da estética*. Rio de Janeiro: Jorge Zahar, 1993.

EINSTEIN, Albert. *Como vejo o mundo*. Trad. H. P. de Andrade. 2. ed. Rio de Janeiro: Nova Fronteira, 1981.

FOLHA DE S. PAULO. Robert Altman joga com dilemas morais. In: Caderno Ilustrada. 18.3.1994.

FOUCAULT, Michel. *Microfísica do poder*. Trad. Roberto Machado. 5. ed. Rio de Janeiro: Graal, 1985.

______. *Vigiar e punir*: história da violência nas prisões. Trad. Ligia M. Pondé Vassalo. 11. ed. Petrópolis: Vozes, 1994.

FREUD, S. Formulações sobre os dois princípios do funcionamento mental (1912). In: *Edição Standard Brasileira das Obras Completas de Sigmund Freud*. Rio de Janeiro: Imago, 1969.

______. Além do princípio do prazer (1920). op. cit., 1969a. v. XVIII.

FERREIRO, Emilia; TEBEROSKY, Ana. *Psicogênese da língua escrita*. Trad. Diana Myriam Lichtentein e outros. Porto Alegre: Artes Médicas, 1985.

FURTH, Hans G. *Piaget e o conhecimento*: Fundamentos teóricos. Trad. Valerie Rumjanek. Rio de Janeiro: Forense Universitária, 1974.

______. *Conhecimento como desejo, um ensaio sobre Freud e Piaget*. Porto Alegre: Artes Médicas, 1995.

GUDSDORF, Georges. *Professores para quê?*: para uma pedagogia da pedagogia. São Paulo: Martins Fontes, 1987. (Col. Psicologia e Pedagogia).

HEIDEGGER, Martin. *A origem da obra de arte*. Lisboa: Edições 70, 1992.

HUIZINGA, Johan. *Homo Ludens*: o jogo como elemento da cultura. São Paulo: Perspectiva, s.d.

JAEGER, Werner. *Paideia*: a formação do homem grego. 2. ed. São Paulo: Martins Fontes/Universidade de Brasília, 1989.

KUPFER, M. C. M. *Relação professor-aluno*: uma leitura psicanalítica. Dissertação de Mestrado apresentada ao Instituto de Psicologia da USP, São Paulo, 1982.

LAJONQUIÈRE, Leandro de. *De Piaget a Freud*: para repensar as aprendizagens. A (psico)pedagogia entre o conhecimento e o saber. Petrópolis: Vozes, 1992.

LINS, Maria Ivone Accioly. A ilusão e o uso criativo de objetos. In: CATAFESTA, Ivanise Fernandes. *D. W. Winnicott na Universidade de São Paulo*. São Paulo: IPUSP, 1996.

LOPARIC, Zeljko. Winnicott e Heidegger: afinidades. In: *Boletim de Novidades Pulsional*. Centro de Psicanálise, ano VIII, n. 69, São Paulo: Livraria Pulsional, jan. 1995.

MATOS, Olgária C. F. *O Iluminismo visionário*: Benjamin, leitor de Descartes e Kant. São Paulo: Brasiliense, 1993.

______. Desejo de evidência, desejo de vidência: Walter Benjamin. In: NOVAES, Adauto (Org.). *O desejo*. 2. reimpr. São Paulo: Companhia das Letras, 1990.

MENEZES, Adélia Bezerra de. Verdade e ficção ou uma leitura de Eros e Psiquê de Fernando Pessoa. In: CATAFESTA, Ivanise Fernandes. *D. W. Winnicott na Universidade de São Paulo*. São Paulo: IPUSP, 1996.

MERLEAU-PONTY, Maurice. O olho e o espírito. In: *Merleau-Ponty: textos escolhidos*. São Paulo: Abril Cultural, 1975 (Col. Os Pensadores).

______. *O visível e o invisível*. Trad. José Artur Gianotti e Armando Mora d'Oliveira. 3. ed. São Paulo: Perspectiva, 1992. (Col. Debates).

MERLEAU-PONTY, Maurice. *Fenomenologia da percepção*. Trad. Carlos A. Ribeiro de Moura. São Paulo: Martins Fontes, 1994.

MILLOT, Catherine. *Freud antipedagogo*. Trad. Ari Roitman. Rio de Janeiro: Jorge Zahar Editor, 1992.

MILNER, Marion. *A loucura suprimida do homem são*: quarenta e quatro anos explorando a psicanálise. Trad. Paulo Cesar Sandler. Rio de Janeiro: Imago, 1991.

NÓVOA, António (Org.). *Os professores e a sua formação*. 2. ed. Lisboa: Publicações Dom Quixote, 1995.

______. *Vidas de professores*. 2. ed. Porto: Porto Editora, 1995a.

OSTROWER, Fayga. A fonte do desejo em Goya. In: NOVAES, Adauto (Org.) *O desejo*. 2ª reimpr. São Paulo: Companhia das Letras, 1990.

PAÍN, Sara. "Objeto de pulsão e objeto de conhecimento". In: *Boletim Formação em Psicanálise*. Departamento de Formação em Psicanálise do Instituto Sedes Sapientiae. São Paulo, ano IV, v. IV, jan./jun. 1995.

PEREIRA, João A. Frayze. A experiência da ilusão: Winnicott através de Merleau-Ponty. In: CATAFESTA, Ivanise Fernandes. *D. W. Winnicott na Universidade de São Paulo*. São Paulo: IPUSP, 1996.

PESSOA, Fernando. *Obra poética*. Rio de Janeiro: Nova Aguilar, 1994.

PIAGET, Jean. *A epistemologia genética*. Trad. Nathanael C. Caixeiro et al. 2. ed. São Paulo: Abril Cultural, 1983. (Col. Os Pensadores)

PLATÃO. *A República*. 5. ed. Lisboa: Fundação Calouste Gulbenkian, 1987.

______. *O banquete*. São Paulo: Edições Cultura Brasileira, s.d.

PLATÃO. *Diálogos: Mênon, Banquete, Fedro*. Rio de Janeiro: Ediouro, s.d. (Col. Clássicos de Ouro).

RIOS, Terezinha Azerêdo. *Ética e competência*. São Paulo: Cortez, 1993. (Col. Questões da Nossa Época, v. 16).

SAFRA, Gilberto. Experiência estética na constituição de transicionalidades. In: CATAFESTA, Ivanise Fernandes. *D. W. Winnicott na Universidade de São Paulo*. São Paulo: IPUSP, 1996.

SEVERINO, Antônio Joaquim. *Metodologia do trabalho científico*. 19. ed. São Paulo: Cortez, 1993.

______. *Filosofia da educação*: construindo a cidadania. São Paulo: FTD, 1994. (Col. Aprender & Ensinar).

SILVA, Mara Cecília Pereira da. *A paixão de formar*: da psicanálise à educação. Porto Alegre: Artes Médicas, 1994.

VYGOTSKY, L. S. *Pensamento e linguagem*. Trad. José Cipolla Netto et al. 2. ed. São Paulo: Martins Fontes, 1989.

______. *A formação social da mente*. Trad. José Cipolla Netto et al. 4. ed. São Paulo: Martins Fontes, 1994.

WINNICOTT, Clare; SHEPERD, Ray; DAVIS, Madeleine (Orgs.). *Explorações psicanalíticas*. Porto Alegre: Artes Médicas, 1994.

WINNICOTT, D. W. *O brincar e a realidade*. Rio de Janeiro: Imago, 1975.

______. *O gesto espontâneo*. Rio de Janeiro: Francisco Alves, 1981.

______. *O ambiente e os processos de maturação*: estudos sobre a teoria do desenvolvimento emocional. 3. ed. Porto Alegre: Artes Médicas, 1990.

______. *Holding e interpretação*. Rio de Janeiro: Martins Fontes, 1991.

WINNICOTT, D. W. *The child, the family and the outside world.* Londres: Penguin Books, 1991a.

______. *Through Paediatrics to Psychoanalysis – Collected Papers.* Londres: Karnak Books, 1992.

______. *Textos selecionados*: da pediatria à psicanálise. 4. ed. Rio de Janeiro: Francisco Alves, 1993.

______. *Playing and reality*. Londres e Nova York: Routledge, 1996.

questões
da nossa
época

A nova **coleção questões da nossa época** integra os projetos comemorativos dos 30 anos da Cortez Editora. Neste recomeço, seleciona textos endossados pelo público, relacionados a temáticas permanentes das áreas de Educação, Cultura Brasileira, Serviço Social, Meio Ambiente, Filosofia, Linguagem, entre outras.
Em novo formato, a *Coleção* divulga autores prestigiados e novos autores, que discutem conceitos, instauram polêmicas, repropõem *questões* com novos olhares.